A cultura como sistema aberto, como acto e drama que se expressa na palavra e na imagem para análise e interpretação do quotidiano.

# Herança e
Futuro da Europa

Título original:
*Das Erbe Europas. Beiträge*

© Suhrkamp Verlag, Frankfurt am Main, 1989

Tradução: António Hall

Capa de FBA

Depósito Legal nº 290719/09

---

**Biblioteca Nacional de Portugal – Catalogação na Publicação**

GADAMER, Hans Georg, 1900-2000

Herança e futuro da Europa. – Reimp. – (Biblioteca 70 ; 7)
ISBN 978-973-44-1551-2

CDU 141
316

---

Paginação, impressão e acabamento:
PENTAEDRO
para
EDIÇÕES 70, LDA.
em
Março de 2009

ISBN: 978-972-44-1551-2
ISBN (da 1ª edição): 972-44-0971-6

Direitos reservados para Portugal por Edições 70

EDIÇÕES 70, Lda.
Rua Luciano Cordeiro, 123 – 1º Esqº - 1069-157 Lisboa / Portugal
Telefs.: 213190240 – Fax: 213190249
e-mail: geral@edicoes70.pt

www.edicoes70.pt

Esta obra está protegida pela lei. Não pode ser reproduzida,
no todo ou em parte, qualquer que seja o modo utilizado,
incluindo fotocópia e xerocópia, sem prévia autorização do Editor.
Qualquer transgressão à lei dos Direitos de Autor será passível
de procedimento judicial.

Hans-Georg
Gadamer
Herança e
Futuro da Europa

# A Diversidade da Europa.
# Herança e Futuro

Com os meus oitenta e cinco anos, sou um dos filhos mais velhos do século, de cuja «inspecção» trata esta série de conferências. Vivi esta época tempestuosa desde os meus anos de infância até hoje e, por isso, posso ser considerado uma testemunha, não com a pretensão de falar dos acontecimentos políticos e sociais como especialista, mas como uma testemunha que recorda tudo o que aconteceu com o objectivo de averiguar qual a relação que a filosofia – ou seja, o campo sobre o qual tenho algo a dizer – tem com a situação de todos nós, com os nossos temores, as nossas esperanças e as nossas expectativas.

Ora, todos deveríamos ter consciência de que um homem da teoria, que dedica a sua vida ao conhecimento puro, também depende da situação social e da prática política. É a própria sociedade que torna possível a distância que se nos impõe como tarefa profissional. Seria uma ilusão pensar que a vida dedicada à teoria está livre da vida política e social e das suas obrigações. O mito da torre de marfim onde vivem os teóricos é uma fantasia irreal. Todos nos encontramos no meio da estrutura social.

Sobretudo nós, os que sobreviveram a duas guerras mundiais e aos seus intervalos e consequências, não podemos realmente cair na tentação de nos julgarmos numa torre de marfim. Certamente, que aprendemos com isso? É preciso perguntar com Hofmannstahl: «De que serve ter visto muitas coisas?» Em todo o caso, talvez consiga dizer alguma coisa se contar que, em 1913, jovem estudante do liceu, comi, por altura de uma exposição, a minha primeira bolacha *Palmin* feita com gordura vegetal. Tratava-se de uma novidade inaudita na Silésia inundada de manteiga, onde eu crescera – era, de resto, uma consequência da política colonial alemã de 1913. Também pode ter algum significado se mencionar o espanto que me causou ver o primeiro *Zeppelin,* aquele charuto que flutuava no céu. Começava-se logo como garoto a sentir algo da época, da sua autoconsciência, da sua crença, das suas esperanças e decerto também dos seus temores. A minha maneira infantil sentia, sobretudo na seriedade ocasional latente nas palavras paternas, que nem tudo no mundo estava muito bem. Assim, ficou gravado na minha memória o momento em que rebentou a guerra de 1914, quando exclamei com a primeira leviandade de um rapaz curioso: «Que bom!», e o meu pai respondeu com a testa franzida: «Não sabes o que dizes.»

Mas não quero continuar a conquistar credibilidade à custa da minha idade e das minhas recordações. A minha tarefa é a de perguntar, a partir dessa grande distância que os anos conferem, de que modo se percebe a Europa actual em que vivemos e como se transformaram naquilo que são as coisas que agora existem. Em Homero encontra-se uma fórmula muito bela para designar o vidente, o homem que vê o futuro. É um verso sobre o vidente Calcas em que se diz que reconhecia o que é, o que será e o que foi. A fórmula diz que não há nenhum conhecimento da realidade, nem nenhuma capacidade de adivinhar o futuro, que não associe o passado, aquilo que foi, com o presente e com aquilo com que temos de contar. Assim, também eu lançarei um olhar retrospectivo para poder olhar para a frente, não devido a uma competência especial, mas sim como um pensador – tal como todos os seres humanos são pensadores –, e perguntar-me como é que aquilo que agora existe se tornou o que é.

A época da minha juventude foi a das duas guerras mundiais e do intervalo entre ambas. De um só golpe, a imagem optimista do futuro e o sentimento vital baseado na fé do progresso chegaram ao fim. Sem dúvida, uma embriaguez patriótica e um entusiasmo geral arrastaram consigo todo o povo nas primeiras semanas, e o mesmo aconteceu em todos os Estados da Europa. A Segunda Guerra Mundial nada teve de comparável. Vivi o eclodir da Segunda Guerra Mundial em Leipzig – foi como se um ambiente fúnebre envolvesse tudo. 1914 fora uma combustão nacional que tudo submergiu, ao ponto de, em todos os países, até o movimento internacional dos trabalhadores ter regressado às suas facções nacionais, pois acompanhou, apoiou e suportou todo o terrível acontecimento da Primeira Guerra Mundial. Quem desta ainda guarda uma ténue recordação, recordará uma frase de Talleyrand, o qual disse que quem não conheceu o mundo anterior à Revolução Francesa não conheceu a doçura da vida.

Estou muito longe de idealizar a história que precedeu as catástrofes das duas guerras mundiais. Em todo o caso, por sua causa produziu-se uma mudança tão colossal que não diz respeito apenas à posição da Europa no mundo e, com isso, a todas as expectativas de uma juventude que tanto então como agora procura o seu difícil caminho num panorama mundial incerto. A época das duas guerras mundiais deu dimensões globais a todas as coisas. Em política já não se trata do equilíbrio de forças na Europa, esse princípio fundamental de todas as actividades de política externa que todos compreendiam. Desde essa altura, trata-se de um equilíbrio global, da questão da coexistência de enormes concentrações de poder. Até as palavras «economia nacional», que ainda continuamos a usar, soam notavelmente obsoletas. O que são as nações, o que é a «economia nacional» na era das multinacionais, na era da economia mundial, numa era que recebeu a sua autêntica fisionomia através da Revolução Industrial? Tudo isto é, decerto, consequência dos enormes avanços técnicos, estimulados pelo furor destruidor de duas guerras mundiais. A Revolução Industrial lançou nesta época, a segunda metade do nosso século, a época da reconstrução, uma onda de uma altura que nos inunda e arrasta a todos. Nesta situação há uma lei inviolável, uma necessidade iludível de não ficar para trás e de alcançar todas as hipóteses de vida e de sobrevivência – mas, de uma assentada, foi esta mesma lei que se transformou simultaneamente numa ameaça para a vida e para a sobrevivência de todos.

É esta a nova situação a que a Europa chegou – e não só a Europa – graças à evolução dos últimos decénios. Já não nos encontramos em nossa casa, no nosso pequeno, segmentado, rico e diverso continente. Estamos implicados em acontecimentos, ameaçam-nos acontecimentos, que não se limitam à nossa pequena pátria. Tenho de sublinhar bem o aspecto fundamental desta questão: refiro-me à lógica interna dos acontecimentos que nos conduziram aos seus limites extremos. Pela primeira vez, criou-se um arsenal de armas cuja utilização já não promete a vitória de ninguém, mas que significaria o suicídio colectivo da civilização humana. E existe, além disso, algo talvez mais grave – porque, que eu saiba, ninguém vê de que modo poderíamos dominar esta crise –, a crise ecológica, o esgotamento, a desertificação e a devastação dos recursos naturais da nossa terra natal. Estas são as duas ameaças que se apresentam hoje às condições de vida da humanidade em geral, em consequência do enorme crescimento da população e do ingente aumento do bem-estar nos países desenvolvidos.

Digo-o com toda a seriedade, não há nenhuma alternativa. A palavra está tingida de modo tão característico na nossa política diária, precisamente porque todos os que são capazes de pensar, ou de ser sinceros, sabem que não existe nenhuma alternativa. Só uma mudança na direcção dos processos que já estão em curso poderá talvez tornar possível a sobrevivência de todos, exigindo-nos esforços diferentes dos requeridos pelas actividades político-económicas ou de política externa. É deste balanço que devemos partir. A Europa está indissoluvelmente envolvida na crise mundial, e esta crise não é daquelas que têm uma solução patente. Todas as pessoas imersas na actividade política e económica estão bem conscientes de que todos nós, tanto no Leste como no Ocidente, nos aproximamos lentamente da zona fronteiriça da vida e da sobrevivência, e de que para a nossa salvação comum temos de ver de que modo é que podemos evitar a transposição dessa fronteira.

Ao pintar assim, enquanto erudito, este quadro por todos conhecido, vem-me à memória algo semelhante que, ademais, conheço muito bem, devido aos meus estudos de filosofia grega. Refiro-me à experiência que Platão teve no princípio da sua vida de pensador, na sua cidade natal de Atenas. Possuímos a esse respeito um documento insólito, a chamada *Carta Sétima* de Platão, uma mensagem política na qual ele (ou um discípulo que escreve por ele) relata resumidamente a história da sua própria vocação para a filosofia. Diz a carta que uma série de acontecimentos graves e tumultuosos preencheram a sua juventude: a guerra do Peloponeso, a derrota de Atenas, a instauração, por parte dos Espartanos vitoriosos, de um arrogante e tirânico grupo de aristocratas, os chamados Trinta Tiranos, grupo que foi, por seu turno, derrotado por outro e dissolvido aquando do regresso à democracia. Esta mesma democracia, no entanto, aclamada como libertadora, condena agora a morrer envenenado, num processo ímpio, o homem mais venerado e admirado por Platão, Sócrates. Foi esta experiência fatal de Platão que lhe indicou o caminho da filosofia. No final, teve de reconhecer que não só a sua própria cidade era mal administrada, como também que todas as cidades à sua volta eram administradas da mesma maneira, pelo que nada de bom se podia esperar da gestão pública. Assim, passou para o caminho da filosofia. A palavra «filosofia» tem aqui naturalmente um sentido muito mais amplo do que o da minha modesta cátedra. Filosofia significa seguir interesses teóricos, significa uma vida que formula as perguntas sobre a verdade e o bem de um modo que não reflecte nem o benefício próprio nem o proveito público. Neste sentido amplo, a experiência platónica parece-me totalmente aplicável à nossa situação. Não é que queira dizer que todos os nossos Estados são mal administrados. Creio, no entanto, que devemos dizer que as bases económicas de toda a nossa vida política se encontram numa situação sem saída aparente ou, pelo menos, com falta de sentido, semelhante à vivida por Platão na Grécia, na época da sua derrota política.

Comecemos por perguntar-nos o que em semelhante situação poderá a filosofia oferecer. A primeira coisa que importa esclarecer é o que é, na realidade, a filosofia e até que ponto está intimamente ligada à nossa civilização europeia a existência da filosofia no nosso sentido. Também para nós a filosofia tem um sentido muito amplo. A palavra 'filosofia' constituiu durante muito tempo, no sentido geral de teoria, o conceito conjunto de ciência. A famosa obra de Newton sobre os fundamentos da ciência natural, graças à qual se transformou no fundador da física moderna, ainda tinha o nome de *Philosophiae naturalis principia mathematica,* os elementos e princípios do conhecimento da natureza. De facto, na nossa cultura ocidental a filosofia esteve, desde o princípio, ligada ao surgimento da ciência. Eis a novidade que levou a Europa à sua unidade e que hoje, a partir da cultura científica criada também na Europa, participa em irradiação multiforme na perigosa situação da civilização mundial.

Certamente que o caminho do pensamento e do querer--saber também não se limitou naquela altura ao pequeno canto da Europa. Conhecemos as grandes realizações das altas culturas do Próximo Oriente, conhecemos as da América Latina e do Sul e do Leste da Ásia. Sabemos, portanto, que a cultura não tomou necessariamente – nem em todas as partes – o caminho da ciência e do seu poder. Este caminho foi muito mais seguido pela Europa. Só nesta teve lugar a diferenciação das nossas actividades intelectuais, que nos permite distinguir a filosofia da ciência, da arte e da religião. Quem poderia dizer que Chuang-tsé ou outro sábio chinês era mais religioso, mais douto, mais pensador ou mais poeta? Na Europa, o nosso destino intelectual configurou-se graças ao facto de se terem produzido as máximas tensões entre as múltiplas formações da força criadora espiritual. Em especial, a relação entre filosofia e ciência tem uma importância determinante na situação actual da Europa. Todos sabemos até que ponto a linguagem da arte, e até mesmo a ressonância religiosa na linguagem da arte de culturas remotas, nos pode parecer quase um encontro imediato connosco mesmos. Quem se atreveria a reclamar aqui uma superioridade europeia? Mas a forma da ciência e a forma do conceito que contém a penetração filosófica do conhecimento do mundo são, claro está, particularidades, preferências e também tarefas que só deram o seu cunho à civilização europeia e ao mundo desde que o cristianismo as incorporou e adaptou.

Foi justamente na Grécia que se desenvolveu tanto a ciência como a filosofia. Os Gregos criaram as matemáticas, baseando-se, sem dúvida, em trabalhos prévios, sobretudo de Babilónios e Egípcios, como agora sabemos melhor do que antes. Mas foram os Gregos que criaram a geometria euclidiana, que ainda se ensina quase inalterada nas primeiras lições das nossas universidades. Adquiriram, acumularam e legaram conhecimentos científicos em muitas outras matérias, como a medicina, a astronomia e a música. Dominaram um vasto acervo de experiência, e Dante chamou ao grande e definitivo sábio e pensador da filosofia grega, Aristóteles, o mestre dos que sabem.

E, no entanto, o que *hoje* chamamos ciência é uma criação dos tempos modernos. Inclusive, adoptámos para ela um nome que provoca em todo o humanista um estremecimento interior. Chamamos-lhe ciência experimental. Para um humanista, isto é como um ferro de madeira, pois o que a ciência era para os Gregos não precisava de experiência. Sabe-se com tal segurança que dois e dois são quatro que seria absurdo referir-se à experiência e pôr-se diligentemente a contar coisas. Quando *se* necessita da experiência, não se possui a forma mais elevada do saber, o conhecimento das formas racionais de ordenação da realidade. Assim pensavam os Gregos. Assim pensava em certa medida toda a Idade Média cristã, que recebera a herança da civilização grega e romana e que, por isso, ainda juntava todo o nosso saber sob o título genérico de filosofia.

No século XVII, porém – e nunca poderei inculcá-lo suficientemente –, deu-se uma viragem decisiva em virtude da qual a relação entre filosofia e ciência se transformou num problema constante da nossa cultura espiritual. Todo o rico tesouro de conhecimentos tradicionais, desenvolvidos na religião, na arte e na literatura e em todas as outras possíveis artes e competências da medicina, astronomia, filologia e retórica, se vê confrontado no século XVII com uma nova ideia de saber. Foi como um novo começo. A ruptura decisiva teve lugar em Galileu. Eis um homem que disse expressamente sobre si mesmo e a sua nova ciência da mecânica: *mente concipio,* concebo com a mente, referindo-se às condições puras das manifestações do movimento na natureza. Descobriu assim, por exemplo, as leis da queda livre partindo de algo que de facto só podia conceber com a mente, pois não podia observá-lo na natureza: a queda no espaço vazio. Não era ainda possível então demonstrar experimentalmente que os corpos se podiam observar na sua queda sem a resistência do atrito. Ainda hoje recordo, apesar de continuar a ser um profano no terreno das ciências naturais modernas, quanto me impressionou ver, no vácuo experimental de uma aula de física, que uma placa de chumbo caía com a mesma velocidade que uma pena. A força de abstracção necessária para esta ideia e a força de construção requerida para isolar os factores determinantes, para os medir quantitativamente, os simbolizar e relacionar entre si, eram de facto coisas novas que deviam levar a uma mudança decisiva na relação dos seres humanos com o mundo. Até então, a inventiva do homem servira antes para preencher espaços que a natureza tinha deixado livres. Agora anunciava-se o tempo em que a perícia humana aprenderia a readaptar a natureza a produtos artificiais e a transformar o nosso mundo numa única e grande oficina de trabalho industrial, um progresso sem procedentes que nos conduziria lentamente à proximidade de novas zonas de perigo.

O surgimento das modernas ciências experimentais representou um enorme desafio para a «filosofia», para o gosto da teoria. De que modo se apresentou esse desafio? Como enfrentou o pensamento humano esta nova ideia da ciência? Não vou contar a história recente da filosofia. Mas se queremos compreender o que esta tarefa – ou seja, a solução reflexiva dos nossos problemas actuais – exige de nós, temos de evocar por um momento o que significou a irrupção da ciência moderna para o pensamento humano e a posição do homem face ao mundo.

O saber tradicional, que até então se transmitia sob o nome genérico de filosofia, baseava-se naquilo que se chamava metafísica. O nome diz muito: é o que fica para lá da física e lhe está subjacente. Física não significa aqui aquilo a que chamamos física, mas a física tão humana de Aristóteles, na qual o fogo se eleva porque se encontra no seu domínio entre as estrelas luminosas, e na qual uma pedra cai para o chão porque ali estão todas as outras pedras e, portanto, é o seu lugar. Isto pode parecer-nos cómico, mas era um todo compreensível que se apresentava ao nosso exame como o acontecer ordenado da natureza e correspondia perfeitamente ao modo como os homens se comportam, como configuram a sua vida enquanto sociedade, criam leis e instituições e procuram o bem comum pelo trabalho prático. Uma grande tendência homogénea de ordem e finalidade atravessava esta imagem do mundo que encontrava a sua fundamentação última na metafísica.

Hoje é diferente. Sob o signo da ciência moderna há, por assim dizer, a vontade rectilínea que congemina possibilidades, as investiga construtivamente e, por fim, as põe em prática, as realiza e as termina – ao mesmo tempo com audácia e precisão. Abriu-se um campo ilimitado de investigação e de produção que avança por toda a parte para o desconhecido. No outro lado, encontra-se a sociedade humana, instalada desde há milénios neste mundo, com o qual está familiarizada e onde construiu a sua casa, um todo multifário de instituições, usos e costumes. À filosofia impôs-se a nova tarefa de mediar entre o extremo da irrupção investigadora no desconhecido e o da conservação de um modo de vida conhecido e compreensível.

É a era dos sistemas da filosofia. Antes não existia esta palavra para sistemas filosóficos. Só surgiu entre os séculos XVII e XVIII, porque só com a nova ciência se apresentou a nova tarefa. O termo «sistema» é, sem dúvida, um conceito de conhecimento comum. Conhecêmo-lo, antes de mais, pela teoria numérica e musical dos Gregos e daí passou para a estrutura do sistema mundial, do Universo. Falamos assim do sistema ptolomaico, no qual a Terra ocupava o centro, ao passo que o Sol, a Lua e as estrelas giravam à sua volta, e depois do sistema copernicano, que abriu caminho a uma nova compreensão do Universo. É bastante significativo que agora a filosofia se servisse da palavra «sistema». No sistema geocêntrico, ptolomaico, os outros corpos celestes, que denominamos planetas, chamavam-se estrelas errantes. Elas constituíam um problema. De que modo se podiam conciliar com a maravilhosa ordem e regularidade da mudança quotidiana do firmamento, com a firme posição das estrelas fixas, com o acontecimento periódico do nascer e pôr-do-sol, com a mudança da noite *e* do dia e das estações? Como podiam a estrela matutina e a vespertina ser a mesma estrela, em vez de girarem em torno da Terra, como deveria ser? Na palavra «sistema» reside, de facto, o sentido original, dar unidade e harmonia àquilo que se dispersa. As órbitas dos planetas levantaram na época platónica este problema aos astrónomos e obrigaram-nos a dar explicações complicadas do aparente movimento das estrelas errantes. Só o sistema heliocêntrico pôs fim a tais dificuldades. Quando agora a filosofia se apropriou da mesma expressão, compreendeu a situação no mesmo sentido de juntar o disperso e tentou encontrar a sua unidade e harmonia. As ciências transformaram-se então de igual modo nos nossos planetas, nos nossos cometas do saber, que não se incorporam no limite ordenado e metódico do nosso comportamento consciente, liberdade de escolha e de ordenação, mas que, pelo contrário, conferem às coisas uma nova disponibilidade, com a qual podemos fazer o que queremos. Eis o sentido de «fazer».

Mas deverá dizer-se: que se pretende? Seria talvez uma especificação mais inteligente dizer: o que se haveria de pretender? Em todo o caso, chegamos assim ao ponto crítico do desenvolvimento que, no século XVII, introduziu a grande tensão nova na nossa imagem do mundo. Foi um longo processo de aprendizagem que nos conduziu desde os inícios galilaicos até à ciência moderna, e o enorme desenvolvimento das ciências levou, no século XIX, a tão amplas aplicações técnicas dos nossos conhecimentos e capacidades que começou a falar-se de «revolução industrial», a qual continua a rugir sobre nós em vagas sempre novas. Se partirmos desta experiência que no século XVII lançou os novos fundamentos do nosso saber, compreenderemos que, no progresso da nova investigação científica, a tarefa mediadora da filosofia tinha de ser cada vez mais difícil. Como poderia haver conciliação entre a velha visão do mundo, harmoniosa e significativa, baseada numa física e metafísica teleológicas, e a nova irrupção de saber e poder com objectivos ilimitados? Compreende-se que a filosofia tivesse de acabar por ceder nos seus esforços sempre renovados de mediação entre a metafísica e a ciência experimental. Tal levou a que no século XIX a preocupação específica da filosofia académica nas universidades passasse a ser a da teoria do conhecimento, quer dizer, a teoria do conhecimento científico. A necessidade insatisfeita de 'metafísica', da resposta à pergunta pelo sentido do todo caiu nas mãos de *outsiders,* que valorizaram as chamadas mundividências – um pouco ao estilo de um Schopenhauer em finais do século XIX, ou de um Marx ou Nietzsche no nosso século. A necessidade íntima que o espírito humano tem de uma conexão do todo, que explicasse simultaneamente o sentido da própria vida e aspiração em harmonia com a «natureza», não podia satisfazer-se através da ciência e da sua justificação teórica. Tal era a situação no século XIX, do qual procedemos; pergunto, pois, em que se tornou a filosofia no nosso tempo e qual pode ser a sua contribuição, tal como é neste momento, para os nossos problemas críticos.

Já com esta formulação da pergunta, gostaria de dizer que não quero falar da chamada filosofia ou teoria da ciência. Trata-se de uma continuação lógica nada desprezível da teoria do conhecimento do século XIX, que a purificou de muitas representações insustentáveis, a que chamaria restos de metafísica, e que na altura ainda determinavam o pensamento. O que hoje nos interessa é uma questão muito mais radical do que a justificação do valor cognitivo da ciência. Trata-se de defender o conjunto da nossa riqueza cultural, protegê-lo de ameaças, talvez, e de nos prepararmos todos para a iminente tarefa da humanidade. Não sabemos se o que se avizinha são catástrofes ou um empobrecimento crescente ou o fatigante trabalho de reduzir e dirigir aquela vontade rectilínea que, como se fosse regida pela sua própria lei, nos empurra para a frente e ameaça levar-nos à autodestruição. Interroguemo-nos sobre o que a filosofia fez por esta tarefa do nosso século. Falarei já em breve do meu itinerário de pensamento que realizei enquanto principiante e, mais tarde, como continuador do trabalho iniciado.

Às vezes, é bom, inclusive para o leigo, começar com a elucidação de uma palavra. O termo que tenho em vista é uma criação nova e, ademais, muito simples. É a palavra «mundo da vida» *(Lebenswelt)*. Soa realmente – e não pouco – a uma palavra alemã. No entanto, é uma cunhagem conceptual artificial, que devemos a um grande investigador, o fundador da escola fenomenológica, Edmund Husserl, o qual, sobretudo na sua época de Friburgo, mas também já em Göttingen, se interrogara acerca do enquadramento corrente da abordagem gnoseológica. Esta fora sempre uma teoria do conhecimento científico. Para o século XIX, por cujos representantes filosóficos fui educado – uma vez que procedo da escola de Marburgo –, não existia outro conhecimento além do científico. Husserl foi o primeiro a investigar o que estrutura o mundo da vida, não tentou explicar processos de percepção como factos psicológicos provenientes de algum mecanismo de associações e dissociações ou da organização de elementos perceptivos, como era então comum, antes demonstrou que até mesmo nas experiências mais simples e naturais da nossa vida quotidiana se ocultam legalidades muito diferentes, que podemos reconhecer. Vou ilustrar isso mediante uma coisa muito simples: este copo, aqui. Vejo-o à minha frente. Vejo-o a partir da minha posição. Não posso vê-lo ao mesmo tempo como o vêem os meus ouvintes. Toda a percepção vê unicamente o lado que se lhe oferece e deixa na sombra o verso. Em certo sentido, isto é trivial. Mas pode apresentar-se como uma inteligente lei geral da visão. Noutros sentidos podem buscar-se e encontrar-se modificações correspondentes e, a partir delas, avançar-se para as descrições mais importantes do nosso conhecimento. Tal era a fenomenologia, a doutrina do saber, tal como ele aparece. Não se lança a explicar o conhecimento a partir de estímulos e a apresentar a sua cooperação como um mecanismo. Procede simplesmente de um modo descritivo e reconhece legalidades no mundo da percepção. O que deste modo chega a uma descrição conceptual nem sempre tem de ser elementar e trivial como a «percepção pura». Ou talvez não seja assim tão trivial? Que é, então, a percepção pura? Será uma percepção pura (caso não queira demonstrar a «percepção pura» precisamente com o meu exemplo) agarrar este copo? Decerto que não. Brinco antes com a ideia de dele beber um gole – como acabo de fazer. Tomo-o, pois, por algo que se me oferece para refrescar a garganta. Não vejo apenas algo que está aqui e que pode medir-se e verificar-se com os meios das ciências naturais, mas considero-o como aquilo que deve ser. Assim, percepciono-o, quer dizer, tomo-o por aquilo que na realidade é, não como uma coisa que está no espaço e no tempo – ou como uma peça decorativa em que uma alma sensível quer colocar rosas –, mas como algo que está aqui na mesa para o orador. Apreender algo como algo é interpretar. E na vida realmente vivida há muito mais do que aquilo que é apreendido pela pura verificação do que acontece. A ciência vê-se compelida a heróicos e ascéticos processos de abstracção apenas para dar validade aos factos comprovados e neles basear os seus conhecimentos. Estou muito longe de impugnar que isso é uma grande realização moral, levada a cabo pela ciência e por ela exigida ao investigador. Este deve ser a todo o momento tão crítico que recuse todas suposições, expectativas ou ideias favoritas precipitadas não comprovadas, mas as submeta a um controlo rigoroso e ainda à crítica científica. A comunidade de investigadores constitui normalmente, sobretudo nas ciências naturais, um correctivo insubornável.

 Apesar de tudo, na viragem da filosofia para a experiência no mundo da vida, desenrola-se algo de mais significativo. E tal foi visto com muita clareza não só por Husserl e outros membros da escola fenomenológica, sobretudo por Heidegger, mas também e simultaneamente pelo pragmatismo americano. Surgiu aqui, sem dúvida, uma interrogação mais profunda do que aquela para a qual a ciência moderna se adestrara com a sua tarefa da explicação causal e o consequente domínio dos processos na natureza – e talvez também na sociedade.

Encontramo-nos aqui naquilo que designamos prática [práxis]. Prática, neste contexto, não se deve entender no sentido teórico em que não passa de aplicação da teoria. Trata-se da prática no seu sentido original, no sentido grego, segundo o qual a prática tinha – quase diria eu – um sentido inactivo. Uma carta grega terminava com a expressão *eu prattein,* que podemos traduzir por: «Passa bem!» 'Práxis' indica o modo como vamos andando: bem ou mal, em todo o caso, que alguém de qualquer modo vai andando, pois não somos donos e senhores do nosso destino, mas dependemos deste ou daquele, encontramos muitos obstáculos, muitas desilusões e, por vezes, também somos felizes graças a um êxito que vai além inclusivamente do alcance dos nossos sonhos. Em semelhante prática habita, decerto, uma nova proximidade à totalidade da nossa posição no mundo enquanto seres humanos. Está-lhe imediatamente ligada a temporalidade, a finitude, planos e projectos, recordações, esquecer e ser esquecido.

Assim, temos aqui a ver com tudo o que, sob o título de historicidade, se tornou no século XX um dos temas principais do nosso trabalho filosófico. Recordamos, antes de mais, um dos maiores progressos do século XIX, a formação do sentido histórico, o refinamento da nossa possibilidade de compreensão do passado, de modo que já não nos chegamos ingenuamente ao passado como, por exemplo, um grande pintor, Altdorfer, que ilustrou a batalha de Alexandre com os trajes medievais e renascentistas dos exércitos da altura. Tornámo-nos muito mais sensíveis à alteridade do passado – o que é, sem dúvida, uma inovação perigosa. Foi Nietzsche quem, nas suas teses, advertiu sobre as vantagens e os inconvenientes da história para a vida, e é certamente verdade que a consciência histórica erigiu ao mesmo tempo, contra todas as possibilidades de conhecimento mais seguro no âmbito do acontecer histórico, uma espécie de reserva crítica que previne contra todo o dogmatismo.

Em geral, como podemos ainda falar com honradez de verdade e de conhecimento? Não se reduz tudo apenas a conhecimentos limitados e, em radical consequência, parafraseando Nietzsche, meras condições da vontade de poder, condições dos nossos interesses, aos quais, consciente ou inconscientemente, subordinamos as nossas convicções? Pensar assim pode ser um radicalismo destrutivo. Mas atentemos naquilo que a palavra prática tão belamente evidenciou, a saber, que antes de mais e na maior parte dos casos não habitamos a distância de que necessitamos para verificações objectivas no sentido do conhecimento. Podemos esforçar-nos por alcançar essa distância. Tal é a grande capacidade exemplar do investigador. Podemos lutar para sermos tão objectivos quanto possível. Eis a capacidade exemplar do justo pensar. Mas não podemos esquecer que, como seres vivos da natureza, estamos enredados em muitas coisas, quer dizer, estamos de todo atolados na prática. Estamos já sempre cumulados das nossas expectativas e esperanças, dos nossos preconceitos e dos nossos temores, até mesmo quando apreendemos algo enquanto algo, como pego neste copo de água para beber um gole. Há situações excepcionais em que um investigador produz conhecimentos objectivos e ele, justamente, sabe que são situações excepcionais, quando pensa no esforço gigantesco que custa a elaboração de um dispositivo experimental, e quando reflecte sobre a enorme responsabilidade que semelhante aumento de poder e de capacidade humana carrega sobre quem faz uso destes conhecimentos para fins práticos. Mas a práxis consiste em cada um ser co-responsável e em pertencer à sua sociedade, à sua nação e, por fim, à humanidade. Neste seu papel de cidadão [nacional] ou cidadão do mundo, o investigador não tem só a independência orgulhosa, audaz e difícil que faz dele um autêntico investigador; tem em plena práxis de decidir e escolher como qualquer outro, ou seja, sem a garantia de conhecer para as suas decisões resultados criticamente assegurados. Numa ocasião em que se discutia este problema, mencionei uma passagem de um diálogo platónico *(Cármides,* 173 a ss.), sem dizer o que estava a citar. Era o parágrafo seguinte:

«Gostaria de contar um sonho, mas sem determinar se saiu pela porta dos sonhos verdadeiros e bons ou pela porta dos enganosos e maus. Se, entre nós, a ciência fosse inteiramente determinante, tudo seria estritamente científico. Já não haveria nenhum piloto que não conhecesse o seu ofício, nenhum médico, nenhum general, ninguém, enfim, que não dominasse realmente o seu ofício. A consequência é que seríamos muito mais saudáveis do que hoje, sairíamos ilesos de todos os riscos do trânsito e das guerras, as nossas máquinas, os nossos sapatos e roupas, em suma, tudo o que necessitamos seria feito na perfeição e muitas outras coisas, porque sempre as encomendaríamos a verdadeiros profissionais. E, além disso, quereríamos reconhecer o prognóstico como ciência do futuro. Neste caso, a ciência deveria ocupar-se de afugentar todos os charlatões e prestar ouvidos aos verdadeiros profissionais entre os prognosticadores enquanto planificadores do futuro. Se tudo assim estivesse organizado, não há dúvida que a humanidade se comportaria e viveria de modo científico. A ciência seria muito atenta e evitaria qualquer irrupção de diletantismo. Ainda não podemos, no entanto, convencer-nos totalmente de que, se fizéssemos tudo deste modo científico, procederíamos correctamente e seríamos felizes. – Mas, então, se se procede correctamente, poder-se-á ter outro ideal que não seja a ciência? – Talvez não, mas ainda gostaria de saber um pormenor: a que ciência te referes?»

Conhece-se a famosa questão que Sócrates escreveu, de uma vez por todas, no álbum de família para todos os especialistas do mundo: podem ser versados nas suas próprias coisas, mas se será bom que agora traduzam em prática o que sabem e podem é algo que nem o investigador científico, como tal, quer saber, nem pode simplesmente aceitar-se o que ele pensa e promete, eventualmente no entusiasmo do seu próprio desempenho.

O problema com que hoje nos confrontamos é o mesmo de sempre, só que na ciência moderna e perante o alcance das suas aplicações técnicas pesa sobre a nossa alma com uma responsabilidade muito maior. Pois, agora, trata-se de toda a existência do ser humano na natureza, da tarefa de controlar de tal modo o desenvolvimento do seu poder e do seu domínio das forças naturais que a natureza não possa ser destruída e devastada por nós, mas se conserve juntamente com a nossa existência na Terra. Não podemos continuar a ver a natureza como um simples objecto de exploração, devemos considerá-la como parceira em todas as suas manifestações, a saber, compreendê-la como o Outro com que convivemos.

A filosofia do nosso século começou há pouco a pensar no que tal significa. Não quero aqui citar nomes, apenas indicarei que em ligação com Dilthey e Heidegger a hermenêutica, à qual me dediquei em trabalhos próprios, contribuiu para isso. Hermenêutica é uma palavra que a maioria das pessoas não conhece nem precisa de conhecer. Mas ainda assim a experiência hermenêutica atinge-as e não as exclui. Também elas tentam apreender algo como algo e, por fim, compreender tudo à sua volta, e com ele se comportar de forma adequada. E este algo é, ademais, quase sempre Alguém que sabe reclamar os seus direitos. Esta conduta hermenêutica tem, ao que parece, o seu aspecto essencial no facto de se reconhecer imediatamente o Outro enquanto Outro. Ele não é o meu *dominium,* não é o meu feudo, como podem chegar a sê-lo muitas manifestações da natureza explicadas no campo das ciências naturais. Conhecemos esta expressão do domínio sobretudo pelos médicos. Pelos vistos, apropriaram-se com alguma petulância desta expressão sonora porque, na luta com a superioridade da natureza, pouco é no seu campo o que eles realmente dominam. Pode ter sentido dizer que se controlam certas doenças, mas não tem nenhum sentido dizer que se domina a saúde. Esta é outra relação com a natureza que não sei descrever em absoluto. O mistério da saúde «em» que estamos não é justamente um objecto para nós. Quando nos sentimos bem, será a natureza, nesta experiência, o Outro? Não é ela inseparável de nós mesmos, o outro de nós próprios, como já nos ensinam as línguas antigas, quando não dizem Um e o Outro, mas antes o Outro e o Outro? Por fim, até o totalmente Outro, a famosa definição do divino proposta por Rudolf Otto, não será de facto, na plena acentuação da sua diferença total, o outro de nós mesmos, e não se estende isto ao seguinte Outro, a Ti e a tudo o que é Teu? Existe na realidade Outro que não seja o outro de nós mesmos? Em todo o caso, ninguém que seja outro, que seja também um ser humano.

É realmente uma tarefa gigantesca a que se apresenta em cada momento a todo o ser humano. Trata-se de manter sob controlo a sua parcialidade, a sua realização com os seus desejos, impulsos, esperanças, interesses, para que o Outro não se torne invisível ou não fique invisível. Não é fácil discernir que se pode dar razão ao Outro, que não temos razão perante nós mesmos e os nossos interesses. Há um maravilhoso ensaio religioso de Kierkegaard: «Da ideia consoladora de que diante de Deus nunca temos razão.» Este consolo, que aqui tem uma derivação religiosa, é na realidade um dado fundamental que forma toda a nossa experiência humana. Temos de aprender a respeitar o Outro e ao Outro. E, por implicação, temos de aprender a não ter razão. Temos de aprender a perder no jogo – e isto começa aos dois anos ou talvez ainda mais cedo. Quem não o aprendeu logo cedo, nunca resolverá inteiramente os problemas maiores da vida ulterior.

As implicações deste facto têm um grande alcance, tanto na teoria como na prática. Gostaria, para terminar, de o ilustrar com um exemplo que se refere simultaneamente a uma das nossas tarefas essenciais.

Viver com o Outro, viver como o Outro do Outro, eis a tarefa humana fundamental, que se impõe tanto à escala grande como à mais pequena. Assim como aprendemos a viver Um com o Outro quando crescemos e entramos na vida, segundo a expressão usual, assim também o mesmo se passa com as grandes formações da humanidade, com os povos e os Estados.

Nisto a Europa tem a vantagem especial de ter podido e devido aprender mais do que outros países a viver com os outros, mesmo quando os outros são diferentes.

Eis aí, em primeiro lugar, a pluralidade das línguas europeias, em que o Outro se aproxima na sua alteridade. Esta vizinhança do Outro concerne-nos em toda a sua diferença. O Outro do vizinho não é apenas a diferença tímida a evitar, é também a diferença que convida e contribui para o encontro connosco mesmos. Todos somos Outros, todos somos nós mesmos. Eis a utilização que, parece-me, podemos fazer na nossa situação. Dispomos de um longo período de aprendizagem, não só graças ao grandioso domínio material que a investigação da natureza nos possibilitou e que, como civilização universal, não renega as suas origens europeias. Mas é igualmente a convivência de diversas culturas e línguas, de religiões e confissões, que nos sustenta. Todos violamos infinitas vezes, como seres humanos, enquanto povos e Estados, as leis dessa convivência e, no entanto, na vida pessoal construímos repetidamente algo em comum, graças à boa vontade do parceiro. Parece-me ser esta em geral a mesma tarefa. E a multiplicidade das línguas europeias, a vizinhança do Outro num espaço reduzido, a igualdade do Outro num espaço ainda mais restrito afiguram-se-me aqui como uma verdadeira escola. Não se trata apenas da unidade da Europa no sentido de uma aliança de poder político. Quero dizer que o futuro da humanidade, para o qual todos devemos trabalhar em conjunto, será globalmente o que a nossa tarefa europeia para nós é.

Por isso, não creio em absoluto na meta de uma língua única, nem para a Europa nem para a humanidade. Pode ser prático e, em âmbitos particulares como o das comunicações, já se pratica. Mas a língua é principalmente aquilo que a comunidade linguística natural fala, e só as comunidades linguísticas naturais estão em situação de construir umas com as outras o que as une e o que as identificam. Se, no futuro, a uma declaração de amor o parceiro só responde *'okay'*, não será então a mesma que se prepara na comunhão, quando um rapaz enamorado ou uma rapariga tentam expressar-se com um tímido tartamudeio ou uma má poesia amorosa. Isto vale também em geral. Tem inclusivamente significado imediato para a teoria da ciência. Quem na língua nada mais vê do que um hábil sistema de signos pode esperar da ciência unitária, da *unity of science,* como foi formulada no Círculo de Viena, e também da língua unitária, a compreensão correcta, e talvez com razão no caso da investigação e do domínio da natureza. Mas perante a múltipla cientificidade que se faz sentir nas línguas civilizadas e nas culturas linguísticas de todos os povos a partir das suas tradições e do seu património, é precisamente a alteridade, o reencontro de nós mesmos, o reencontro com o Outro na língua, na arte, na religião, no direito e na história, o que nos pode levar às verdadeiras comunidades. Entre nós, chamam-se ciências do espírito as que se baseiam nesta pluralidade de tradições linguísticas e transmitidas pela língua. Têm uma proximidade especial da vida das culturas, do seu devir histórico, da sua diferença que exige não só conhecimento, mas também reconhecimento, uma proximidade maior do que a grandiosa e clara construção que, nas ciências naturais, suporta o processo da investigação. Cada qual sabe, decerto, apreciar quanto na investigação da natureza, mas não só nela, lhe incumbe para evitar a contínua irrupção de preconceitos de origem linguística. Thomas Kuhn fez um dia a bonita observação – aliás, nada nova para os profissionais – de que Max Planck chamava a princípio elemento ao *quantum,* depois assim por ele baptizado, como se fosse uma última componente agregável a outras até formar o todo. Sabemos que a física actual ainda continua a falar de átomos mas, por imperativos das suas tarefas científicas, teve de renunciar à representação de ali haver corpúsculos, os derradeiros corpinhos, em prol de visões muito diferentes de simetrias e equações simétricas. Como é natural, nos âmbitos que têm a ver com as ciências do espírito desenvolve-se uma constante crítica linguística. A língua natural, a língua falada naturalmente, é ao mesmo tempo uma fonte de preconceitos que devem deixar-se corrigir pela experiência. Mas não é só isto. Por outro lado, é também um convite a reconhecer-se a si mesmo e a reconhecer todo o saber linguisticamente depositado que há na poesia, na filosofia, na história, na religião, no direito e nos costumes, em tudo o que constitui uma cultura. Não se entregar acriticamente a preconceitos e a ideias preconcebidas será sempre uma tarefa da autodisciplina científica. Mas onde não se trata de aprender a dominar algo, aprenderemos repetidamente a conhecer a diferença do Outro no seu ser-outro nos nossos próprios preconceitos. Eis o máximo e o mais elevado a que podemos aspirar e chegar: participar no Outro, conseguir a participação no Outro.

Por isso, não será demasiada ousadia dizer, como última consequência política das nossas reflexões, que talvez sobrevivamos enquanto humanidade se conseguirmos aprender que não só devemos aproveitar os recursos do nosso poder e as possibilidades de acção, mas também aprender a deter-nos perante o Outro como Outro, em face da natureza e das culturas orgânicas dos povos e dos Estados, e a experienciar o Outro e os Outros como os Outros de nós mesmos, para conseguirmos uma participação recíproca.

# O Futuro das Ciências do Espírito Europeias

Aquilo que na Alemanha recebe o nome de ciências do espírito não tem correspondência exacta nas outras línguas europeias. Em França fala-se das *lettres,* no mundo de língua inglesa das *moral sciences* ou *humanities,* etc. Mas, apesar de faltar o equivalente linguístico idóneo, pode dizer-se que as ciências do espírito no seu todo desempenham em toda a parte, no interior da diversa paisagem europeia, um papel muito especial que lhes é comum no mais alto grau. Esta comunidade não se deve, em último lugar, ao facto de a Europa ser um conjunto poli-idiomático composto por múltiplas culturas linguísticas nacionais. Todo o olhar para o futuro do mundo, e para o papel que possa desempenhar neste futuro o mundo cultural europeu através das suas ciências do espírito, terá de partir do facto de esta Europa ser uma formação poliglota. Pode, decerto, prever-se uma língua única para o futuro das ciências naturais, mas a questão é diferente no caso das ciências do espírito. É o que já hoje se perfila. As realizações essenciais da investigação dentro das ciências naturais, pelo menos quando procedem da Europa multilinguística, utilizam em maior ou menor medida a língua inglesa. Isto talvez não seja ainda de todo válido para o Leste da Europa, mas há razões iniludíveis, tais como a dependência recíproca e a total comunidade de interesses na investigação das ciências naturais, que a longo prazo tornarão necessária uma única língua científica de comunicação.

Em compensação, a questão é diferente no caso das ciências do espírito. Poderia até dizer-se que a pluralidade de línguas nacionais na Europa está estreitamente ligada ao facto das ciências do espírito e da sua função na vida cultural da humanidade. Não se pode imaginar sequer que este mundo cultural, por muito prático que fosse também para as ciências do espírito, se pusesse de acordo acerca de uma língua de comunicação internacional, como se faz já na investigação das ciências naturais. Porque é que é assim? Para reflectir sobre isso é preciso dizer algo sobre o que são hoje em dia as ciências do espírito e sobre o que podem significar para o futuro da Europa.

Perguntemos, em primeiro lugar, de que modo se chegou à formação das chamadas ciências do espírito. Qualquer previsão do futuro está, em larga medida, vedada ao ser humano. Quando somos capazes de prever algo, temos de contar sempre com o mistério da liberdade humana, a qual, com a irrupção do seu potencial, sempre nos prepara surpresas. Toda a previsão e pré-concepção que tenha sentido e que assente numa base séria e não seja simplesmente um sonho insensato da investigação científica sobre o chamado futuro – e, por isso, não é original que semelhantes sonhos se denominem futurologia – deverá desenvolver todo o seu afazer sempre a partir da rememoração. Esta é uma judiciosa necessidade científica. Portanto, só se pode perguntar o que será a Europa no futuro, mais ainda, o que é a Europa actualmente, na medida em que se pergunta como a Europa se transformou naquilo que é hoje.

Se se trata do papel da ciência no futuro da Europa, é preciso partir de um primeiro princípio, cuja evidência se me afigura incontestável. É o princípio segundo o qual a figura da própria ciência define justamente a Europa. A ciência deu forma à Europa no seu ser *e* devir histórico, e precisamente nos limites em que algo se diz europeu. Isto não quer, decerto, dizer que outros círculos culturais não tenham desenvolvido, pela sua parte, em certos âmbitos do conhecimento científico do mundo, realizações frutíferas e tradições que ainda perduram. Basta pensar em tudo o que o Próximo Oriente e o Egipto legaram à nascente ciência europeia na Grécia. Mas o que se pode dizer sem restrições é que só na Europa a figura da ciência desembocou numa formação cultural autónoma e dominante. Sobretudo a época moderna da história universal foi determinada pela ciência de modo manifesto no seu aspecto cultural e civilizador. A posição predominante da ciência na nossa cultura já não se limita à Europa desde que a marcha da revolução técnica e industrial avança por todo o globo com crescente intensidade. Mais ainda, o facto de a ciência e a investigação modernas, as escolas e as universidades seguirem em toda a parte o exemplo europeu – ou a sua cópia americana –, tudo isso é uma consequência da ciência europeia. Esta afirmação é totalmente independente do juízo que se possa fazer acerca das perspectivas de futuro de uma humanidade dominada deste modo pela ciência e pela sua aplicação técnica. Partimos, pois, na nossa reflexão, do princípio segundo o qual o surgimento da ciência configurou a Europa.

Para maior clareza, é preciso descrever mais em pormenor o carácter único deste acontecimento. É indubitável que nunca existiu um mundo ou um círculo cultural que não administrasse e transmitisse uma «ciência» adquirida a partir da experiência. Tão-pouco houve alguma vez um círculo cultural que, dentro da multiplicidade das criações culturais humanas, se encontrasse a tal ponto sob a supremacia da ciência. É, pois, muito significativo que só na Europa surgisse uma tão profunda diferenciação e articulação do saber e da vontade de saber humanos como a que é representada pelos conceitos de religião, filosofia, arte e ciência. Noutras culturas, precisamente também nas altas culturas, isso não tem correspondência original. Os quatro conceitos mencionados representam um modo de pensar inteiramente europeu. Seria inútil procurar noutras tradições semelhantes categorias, que para nós são evidentes, ou atribuir, por exemplo, aos provérbios dos grandes sábios chineses ou a tradição épica da Índia semelhantes distinções. O mesmo se pode dizer de culturas já extintas, como as grandes civilizações do Próximo Oriente e do Egipto. Podemos, sem dúvida, abordar todas estas culturas a partir dos nossos actuais conceitos dissociadores e diferenciadores, podemos, inclusive, reconhecer os contributos de todas elas para o nosso conhecimento científico. Assim se actuará igualmente em vista de um diálogo religioso ou de uma vasta sinopse das manifestações artísticas da humanidade. No entanto, mesmo sem querer, tomaremos decisões prévias e passar-nos-á por alto a autocompreensão destas culturas. Este conhecimento insinua-se lentamente não só na nossa consciência histórica, mas também nas nossas experiências em pleno acesso prático dos nossos interesses de investigação a povos e culturas estrangeiras. Em ciências como a etnologia, a antropologia e a etologia começa a tornar-se suspeito o inquérito do trabalho de campo ingénuo. Registamos este primeiro resultado: uma das características fundamentais da Europa é a diferenciação entre a filosofia, a religião, a arte e a ciência. Ela surgiu na cultura grega e formou a unidade cultural greco-cristã do Ocidente.

Não é esta, sem dúvida, a única diferença que caracteriza a Europa. Há outras distinções que contribuem para a ulterior diferenciação da cultura europeia. Quando olhamos para a tradição cultural greco-cristã, temos imediatamente consciência de uma diferença fundamental dentro desta tradição: a diferença entre Oriente e Ocidente. É evidente que esta diferença tem como pano de fundo a queda do Império Romano. Em relação com a desintegração política do Império Romano nas duas metades de Oriente e Ocidente está a divisão da Igreja, que originou dentro do cristianismo duas Igrejas cristãs separadas, a chamada Igreja ortodoxa grega e a Igreja católica romana. No entanto, parece-me que esta separação define exactamente a unidade cultural europeia. No terreno da política eclesiástica, em todo o caso, o sofrimento da separação e a tentativa de reunificação é, desde há séculos, um facto bem conhecido que encontrou a sua expressão no movimento ecuménico.

Isto também tem repercussões no campo das ciências do espírito. O que nelas separa é talvez mais forte do que aquilo que une. Pode afirmar-se, sem exagero, que a Europa Oriental, pelo menos no que respeita à Igreja oriental – as actuais linhas políticas divisórias entre o Leste e o Ocidente não são as eclesiásticas –, não conseguiu nas nossas ciências do espírito a mesma presença científica que possuem as diversas culturas ocidentais na Europa; não está tão viva como estas últimas na nossa consciência histórica. Não é preciso ser profeta para prever que o futuro da Europa se ocupará seguramente deste desequilíbrio e que sobretudo as ciências do espírito contribuirão para a sua diminuição. O simples facto do poder político e militar da Europa Oriental fará que a ciência ocidental fomente também, por sua vez, a investigação histórico--filológica das culturas orientais. A razão de tal desequilíbrio ter existido durante tanto tempo reside na história do mundo cultural da Europa Ocidental, mas também, naturalmente, na crescente importância do comércio mundial por via marítima. Se lançarmos um olhar ao globo terrestre, a Europa Ocidental surge frente à enorme massa de terra da Europa Oriental como uma grande e única zona portuária feita para as viagens de exploração a novos mundos.

Foi nestas circunstâncias que a unidade cultural do mundo ocidental se formou através de uma série de tentativas de dar nova vida à herança da Antiguidade. A seguir às mais tumultuosas migrações de povos e ao estabelecimento da Igreja romana como sólido poder organizador, os renascimentos nos povos germano-românicos, que tinham herdado o Império Romano, acompanharam incessantemente a história do mundo ocidental a partir do renascimento carolíngio. A nossa consciência histórica começa a vislumbrar, mas lentamente, que, para a metade oriental da Europa, brotou de Bizâncio uma influência similar, criadora de tradição, e que a apropriação mais profunda desta tradição foi levada a cabo em análogas rememorações retrospectivas. Mas não resta nenhuma dúvida de que foi uma história extraordinariamente tensa, que marcou a tradição do mundo cultural ocidental.

A diferenciação das línguas alcançou, nessa altura, um grau consideravelmente maior do que o das línguas eslavas da Europa Oriental.

Do mesmo modo, o antagonismo entre Igreja e Império, que dominou a história da Idade Média no Ocidente, não tem correspondência plena no âmbito bizantino, onde não existia um centralismo tão rígido do poder da Igreja, nem uma ideia unitária de Império e do poder imperial. Por acréscimo surge, finalmente, desde a Reforma, a dissidência religiosa dentro do cristianismo ocidental. A luta e a rivalidade entre o cristianismo católico romano e o protestante contribuem de um modo importante para o aprofundamento do processo de diferenciação da Europa Ocidental. Isto é especialmente visível quando se observa o fim desta densa tradição da cultura europeia, que nos oferece uma magnífica sucessão de estilos artísticos, antes de se dispersar na fase experimental histórica e reducionista dos séculos XIX e XX. É como uma ruptura da tradição, que aqui se pode apreender e que foi, sem dúvida, levada a cabo com a Revolução Francesa e com a sua conhecida negação do passado. A emancipação do Terceiro Estado, alcançada pela Revolução Francesa, não foi apenas uma ruptura da tradição. De certo modo, foi muito mais o fruto maduro de uma lenta evolução da ordem municipal e corporativa da vida económica. Mas até mesmo a consciente ruptura da tradição, que conduziu ao sangrento choque entre o vetusto absolutismo dinástico e as novas forças ascendentes da sociedade, não significou uma simples ruptura mas antes, na reacção a tal ruptura, a imediata criação de uma nova consciência de continuidade.

Aproximamo-nos assim da evolução constitutiva do nosso tema, à qual remonta a tensão entre as ciências naturais e as ciências do espírito, na nossa cultura europeia. À ruptura da tradição, operada pela Revolução Francesa, seguiu-se o retrocesso romântico. O romantismo exaltou a Idade Média cristã e os alvores épicos dos povos europeus. Constituiu, assim, a última afirmação da cultura e da fé unitárias da cristandade na Europa, elevada por Novalis a expectativas escatológicas: «Sem mais números nem figuras...» O desenvolvimento do idealismo especulativo de Fichte a Hegel é a contrapartida filosófica e representa a tentativa, tão grandiosa quanto ousada, de incluir numa última síntese a tradição e a revolução, os antigos e os modernos, a metafísica mais antiga e a ciência recente. Algo assim não podia manter-se durante muito tempo. O efeito duradouro da reacção romântica, que determina profundamente a consciência vital europeia, foi outra coisa: a emergência da consciência histórica.

À luz do pensamento histórico surgem de novo, em todas as fendas e transformações da história universal, as linhas de união. Na realidade, o pensamento histórico não se desenvolveu com a reacção romântica à Revolução Francesa. Representa desde sempre um elemento sustentador de toda a conservação da tradição. Por isso, a evocação retrospectiva da origem, os interesses patrióticos, nacionais, eclesiásticos e dinásticos desempenharam desde há muito tempo um papel na vida histórica da humanidade. A tradição não é em si mesma um acontecimento orgânico, mas baseia-se no esforço consciente de conservar o passado.

A consciência histórica, que se impôs no século XIX, é algo diferente. É a convicção fundamental, concomitante da intensificação do sentido histórico, de que não existe para o ser humano um conhecimento definitivo e vinculativo do conjunto da realidade, e de que nenhuma filosofia primeira ou metafísica, afora as ciências naturais baseadas na matemática, possui um fundamento sólido.

Formulo, pois, o segundo princípio da minha reflexão: o papel das ciências do espírito para o futuro da Europa assenta na consciência histórica. Já não quer admitir que haja verdades universalmente válidas no sentido da metafísica, que se dêem a conhecer como a *philosophia perennis,* por trás de todas as mudanças do pensamento. Importa agora perguntar se este fruto da reacção romântica à abstracção construtiva do Iluminismo político radical e à audácia especulativa do idealismo foi um verdadeiro novo começo ou antes uma consequência – como em todos os acontecimentos históricos, o novo é sempre aquilo que já há muito estava preparado.

Precisamos agora de recuar um passo mais até ao século XVII. O grande facto de as ciências naturais se basearem na matemática foi uma autêntica revolução na ciência – afinal de contas, a única que merece verdadeiramente este nome. O que se desenvolveu a partir da nova mecânica de Galileu e com a difusão da fundamentação matemática de todas as ciências experimentais representa o autêntico início da era moderna. Não começa com uma data – este jogo dos historiadores está já muito batido –, mas com o ideal metodológico da ciência moderna. A unidade da ciência tradicional no seu todo, que tinha o nome geral de *philosophia,* cindiu-se na dualidade intransponível de dois mundos, um cosmos de ciências experimentais e um cosmos de orientação no mundo assente sobretudo na tradição linguística. A conhecida expressão filosófica desta cisão é a diferença encontrada por Descartes entre *res cogitans* e *res extensa.* Com ela introduziu-se na ciência geral da tradição uma cunha que se fez sentir, no campo científico, como a dualidade das ciências naturais e das ciências do espírito.

Inicialmente, era ainda um desenvolvimento ulterior no quadro da metafísica tradicional. Uma característica da continuidade do pensamento europeu foi que a tradição da metafísica conseguiu ainda afirmar-se na época do Iluminismo e do aparecimento das ciências experimentais europeias, e o seu influxo chegou inclusive à era do romantismo. É precisamente isto que ressalta na ousada síntese do idealismo alemão posterior a Kant.

Ernst Troeltsch tinha, decerto, razão quando considerou este fruto tardio da metafísica como um simples episódio no conjunto do Iluminismo dos tempos modernos. No entanto, errou ao olhar o futuro da metafísica como definitivamente selado com o século XIX. A disposição natural do ser humano para a metafísica não se deixa reprimir tão facilmente – nem sequer quando a figura da metafísica como «ciência primeira» é já incapaz de qualquer renovação duradoura. Na verdade, foram precisamente as ciências do espírito que tomaram a seu cargo, de modo mais ou menos consciente, a grande herança do questionamento humano sobre as questões derradeiras e que, desde então, proporcionaram também à filosofia uma orientação histórica.

Da nossa reflexão depreende-se que a lei gradual da investigação das ciências do espírito na Alemanha foi determinada pelo espírito do romantismo e encontrou a sua expressão científica sobretudo na «Escola histórica». Esta nova reflexão científica da investigação histórico-crítica propagou-se, sem dúvida, por todo o mundo cultural europeu, mas em diferentes graus. A evolução das ciências do espírito e a sua função cultural nos restantes países da Europa, entre os quais se contava também nessa altura a Rússia, não foi exactamente a mesma que na Alemanha, terra de origem do romantismo. Aqui actuou, ademais, outra força poderosa: a tradição protestante da ousada e crítica afirmação da liberdade do homem cristão, que deu asas à marcha triunfal das ciências do espírito e, em especial, das ciências históricas na Alemanha do século XIX. Noutros países, onde dominavam outras condições sociais e onde a divisão da fé não influía do mesmo modo, a questão revestiu outro aspecto, que se reflecte, por exemplo, na precoce tradição democrática da Inglaterra, que trouxe algo do espírito da República romana, da sua vontade de soberania e da sua ideia de humanismo até no nome de *moral sciences*. Reflecte-se igualmente em França, onde uma grande tradição moral e literária dominava e domina até hoje a vida pública e que, por isso, engloba sob o conceito geral de *lettres* aquilo a que chamamos ciências do espírito.

Ora, contemplamos um espectáculo de índole muito especial quando estudamos a relação das ciências do espírito com as bases tradicionais particulares dos povos da Europa. O que se exprime na pluralidade de nomes para as «ciências do espírito» assinala a relação mais profunda que liga a nova consciência histórica à formação histórica e social dos Estados territoriais e nacionais modernos. Isto torna-se ainda mais perceptível na criação de novos Estados soberanos, como aconteceu na história mais recente. Em particular, as ciências históricas adquirem uma grande importância para as novas unidades políticas; com a sua ajuda tentam fundar no seu passado a sua própria identidade. Por isso, exerceu uma grande influência no Leste eslavo a teoria de Herder sobre o espírito popular; e igualmente as consequências da Segunda Guerra Mundial, como a reinstauração da Polónia, mas também a nova constituição da Alemanha Oriental receberam importantes impulsos sociais por parte da escrita e da investigação histórica, o que equivale a dizer por parte das ciências do espírito.

Mas estes são apenas exemplos europeus que nos são próximos. Na realidade, trata-se de um processo global, posto em marcha pelo fim da era colonial e pela emancipação dos membros do Império Britânico. Por todo o lado se apresenta a mesma tarefa de fundamentar com maior profundidade a identidade própria e a evolução autónoma para um Estado nacional; e isto inclui, juntamente com todos os aspectos económicos e políticos, justamente aqueles que são importantes para as ciências do espírito. Tais ciências, desenvolvidas na

Europa, não podem, pois, subtrair-se de todo à tarefa que já assumiram pela sua simples existência.

Eis-nos, de novo, no nosso tema de fundo: o futuro da Europa e o papel das ciências do espírito para este futuro da Europa no mundo. Hoje, já não se trata apenas da Europa, mas antes da nova unidade civilizadora que o mundo do comércio e da economia mundial faz surgir, e da nova diversidade civilizadora em direcção à qual começa a desenvolver-se a cultura humana no nosso planeta. É uma história cheia de perguntas. Não se lida apenas com a chamada ajuda para o desenvolvimento e com as suas necessidades; não se trata apenas de que com o desenvolvimento de uma política de investimentos nos países subdesenvolvidos não se consegue melhorar ao mesmo tempo os pressupostos mais profundos e mais espirituais do famoso *know how*. Trata-se de uma problemática muito mais profunda, que as experiências de pensamento, adquiridas entretanto pela Europa da época moderna, tornam interessante à escala planetária. Segundo o critério do progresso económico-tecnológico, o conceito de desenvolvimento pode ter um sentido inequivocamente económico e sociopolítico. No entanto, o mundo actual começa a aperceber-se, precisamente nos seus países mais desenvolvidos, de que isso não é tudo.

As consequências da moderna ilustração científica não só se notam na prosperidade dos países mais desenvolvidos, mas também no desequilíbrio crescente entre o progresso económico e o social e humano. O conceito de desenvolvimento e a questão do objectivo do desenvolvimento, de que este último prescinde, perderam o seu carácter inequívoco. O bem-estar económico arrastará sempre consigo, decerto, a própria teleologia e saberá sempre justificar-se de modo imanente. Começamos, aliás, a descobrir como dificuldade própria de que modo, enquanto membros de um país altamente desenvolvido, os políticos e intelectuais que trabalham para o progresso técnico de países subdesenvolvidos podem manter a credibilidade, quando se começa a falar da problemática do nosso progresso.

Mas é precisamente aqui que os conhecimentos das ciências do espírito me parecem estar a ganhar actualidade. Muitos países da Terra demandam uma forma de civilização que consiga a proeza de unir a sua própria tradição e os valores profundamente enraizados das suas formas de vida com o progresso económico dirigido pelos europeus. Grandes partes da humanidade confrontam-se com esta pergunta, que também nos é dirigida: serão as nossas formas escolares e educativas adequadas para exportar para países do Terceiro Mundo? Ou acabarão antes por ali se enxertar e apenas conseguirão o afastamento da elite das suas tradições seculares em vez de trazerem vantagens para o futuro desses países? É conhecida a tragédia de «Orfeu Negro». Ficamos maravilhados diante dos dotes artísticos da África ou da Ásia. Os nossos escultores, os nossos pintores e os nossos poetas espantam-se e aprendem.

Mas será aquilo que, da nossa parte, podemos oferecer, a perfeição científico-técnica de que dispomos, realmente um bem? Até mesmo quando completamos a nossa ajuda económica com a exportação do *know how,* a dúvida continua a existir.

Mais tarde ou mais cedo, os habitantes do Terceiro Mundo aperceber-se-ão da desproporção entre o modo de ser europeu e o seu próprio; e, então, todos os nossos esforços de inovação, como os que realizamos agora, poderiam transformar-se numa forma refinada de colonização e, portanto, fracassar. É algo que hoje já se pode sentir. As vezes, já não é a adopção do Iluminismo europeu e a forma de civilização por ele criada que preocupa as pessoas inteligentes de outros países, mas a questão de saber se o homem e a sociedade são capazes de um autêntico desenvolvimento com base na própria tradição. Voltará então a soar a hora de Herder, e não só como o intérprete de *A Voz dos Povos em Cantos,* como o crítico de uma ilustração unilateral e como o visionário evocador dos «espíritos do povo». O que actua em todas as ciências do espírito como característica inextinguível, o elemento de tradição e do ser chegado à realização, que elas representam e que corresponde sobretudo ao conceito de «cultura», à natureza desenvolvida através do cuidado, tornar-se-á subitamente expressivo.

As ciências do espírito foram submetidas também a uma estrita disciplina pelo ideal metódico dos tempos modernos e seguem até agora o ideal científico das ciências naturais. Quem não for cego reconhecerá inclusivamente que a progressividade técnica da nossa época exerce também sobre as ciências do espírito uma influência renovada. Os métodos e modos de falar das ciências do espírito são disso testemunho. Temos de nos interrogar se, na segunda metade do nosso século, se abrirá no seio das chamadas ciências do espírito um deslocamento que talvez vá muito mais longe e poderá um dia tornar de todo obsoleto o nome de «ciências do espírito». Refiro-me à crescente participação concedida aos métodos matemáticos e estatísticos e que começa a imprimir um novo cunho, sobretudo nas ciências sociais. Quando nos referimos às actuais ciências do espírito – por exemplo, na articulação das academias científicas – em alguns casos como o das ciências histórico-filológicas, ao passo que antes podiamos caracterizar desse modo o conjunto das ciências do espírito, deparamos cada vez mais com dificuldades em face destas novas tendências. Tem-se a impressão de que a moderna sociedade de massas e os problemas científico-sociais, organizacionais e económicos que ela suscita dão lugar a uma concepção de ciência que, na sua consciência metodológica, se distingue muito pouco das ciências naturais. Poder-se-ia repetir a estas ciências sociais, desde as rigorosas exigências da investigação das ciências naturais, que o seu campo e a sua base de experiência não bastam como fundamento. Mas esta é uma crítica relativa. É algo que poderia alterar-se, do mesmo modo que o prognóstico meteorológico a longo prazo, que é cada vez mais fiável. A nova era dos computadores, que está em plena ascensão, abre um crescimento tão grande às investigações quantitativo-estatísticas e ao armazenamento de informações que poderemos interrogar-nos se a vida da sociedade poderá calcular-se cada vez mais mediante a arte organizadora de um mundo administrado e enfrentar as exigências de uma autêntica investigação das ciências naturais. Não seria então parceira plena das ciências naturais, se pudesse levar a cabo a investigação da natureza da sociedade com o fito de dominar esta natureza?

Uma questão de todo diferente é saber se há limites para semelhante desenvolvimento ou se este é desejável. Tal questão, no entanto, poderia coincidir com a pergunta sobre se ele será simplesmente possível. É certamente fácil imaginar o homem massificado do futuro como um verdadeiro génio da adaptação e do exacto cumprimento das regras. Mas ainda permanece a questão de saber se semelhante domesticação social tem autênticas possibilidades de futuro sem o despertar e os cuidados das forças libertadoras do ser humano. De novo, o conteúdo das ciências do espírito poderia constituir aqui um imprescindível factor vital do futuro.

Interrogamo-nos, por exemplo, até que ponto os novos métodos de armazenamento da informação poderiam abrir novas possibilidades de futuro nas próprias ciências clássicas, nas ciências do espírito filológico-históricas. Pensemos nas vastas consequências que já são visíveis para todos na era da reprodutibilidade e das quais toda a gente se serve. Quem as recusaria? E, no entanto, será um benefício inútil? Novas mediações mecânicas da mais diversa índole distanciaram o investigador moderno da antiga imagem oferecida pelo *homo literatus* do passado, quando se sentava diante de um papel em branco com o seu tinteiro e a sua pena ou estudava laboriosamente velhos *in-fólios* impressos ou escritos. Para quem já não pode escrever sem máquina, para quem já não pode contar sem calculadora nem viver sem o itinerário exacto de um transbordante fluxo informativo, a descoberta da sua própria identidade, que é simultaneamente a descoberta da expressão para si mesmo, retirou-se para fronteiras consideravelmente mais remotas. Onde está a sua própria caligrafia ou a do seu espírito? O banco de dados do futuro dará outro passo gigantesco no deslocamento destas fronteiras. Excessos de informação serão facilmente revogáveis. Será igualmente revogável a sua consulta e a aquisição das concepções que nelas dormitam?

Temos de concluir que o papel especial das ciências do espírito na vida social da humanidade será inútil dentro de um tempo previsível? Ou temos razões para atribuir aos progressos técnicos, dos quais com toda a certeza também se servirão no futuro as ciências do espírito, um significado subordinado, apenas técnico? Ou devemos fazer apreciações totalmente negativas deste desenvolvimento? Também se pode formular a pergunta de outra maneira e tirar uma conclusão geral para esta perspectiva: trará o progresso da revolução industrial um desmantelamento da articulação cultural da Europa e a generalização de uma civilização mundial estandardizada, na qual a história do planeta se imobilizará, por assim dizer, no estado ideal de uma administração mundial racional – ou, pelo contrário, a história continuará a ser história, com todas as suas catástrofes, tensões e múltiplas diferenças, como foi a característica essencial da humanidade desde que se construiu a Torre de Babel?

No entanto, antes de nos dedicarmos a esta pergunta, impõe-se um novo exame de toda a questão do confronto entre as ciências naturais e as ciências do espírito. Pretende-se hoje, justamente por parte das ciências naturais, que o antigo dualismo dos dois grupos de ciências já foi superado. Relega--se facilmente para uma imagem unilateral daquilo que, segundo a filosofia, deveriam ser as modernas ciências naturais. É verdade que a problemática gnoseológica do século xix e a sua consequência teórico-científica tinham de desembocar na diferença entre os conceitos de natureza e de liberdade. Por trás dela encontra-se a fundamental diferenciação kantiana entre o fenómeno e a coisa em si, a limitação da exigência de validade das categorias do nosso entendimento ao âmbito dos fenómenos. O facto a que a teoria do conhecimento do século XIX reconduziu estas diferenciações e limitações foi o das ciências naturais matemáticas e da sua culminação no edifício físico de Newton, o descobridor da mecânica e da dinâmica do Universo.

No outro lado, estão os conceitos de liberdade, como se denomina desde Fichte a utilização teórico-científica da separação kantiana entre o facto racional da liberdade e o âmbito dos fenómenos. O discurso de Kant sobre uma dupla causalidade, a da natureza e a da liberdade, desorientava, pois podia entender-se como uma cooperação compreensível entre dois factores determinantes do acontecer universal. Mas não era essa, decerto, a opinião de Kant, que insistiu antes na separação mais estrita entre a inteligível determinação do ser humano e a sua manifestação empírica e os fenómenos empíricos em geral. Variou-se, discutiu-se e divagou-se muito, durante todo o século XIX, a propósito deste ponto de partida kantiano sob a antinomia de determinismo e indeterminismo. A questão de como se poderia pensar um efeito de factores inteligíveis no acontecer empírico permaneceu, no fundo, aberta. Não podia esclarecer-se com os meios kantianos, porque a explicação kantiana consistia justamente em tomar a primazia da razão prática e a determinação da liberdade do ser humano como um postulado da razão e subtrair-se a toda a coacção explicativa.

Quando no nosso século, no micromundo da física atómica dentro das ciências naturais, surgiu de novo o problema do indeterminismo, alguns teóricos pressurosos aproveitaram-no para ver nele o elo que faltava entre o mundo dos fenómenos e o mundo da liberdade. Mas isso depressa se revelou um fiasco. Para a consciência humana de liberdade, que não se apresenta tanto na liberdade do arbítrio quanto na responsabilidade e na imputabilidade de todas as nossas acções e, portanto, na autonomia da razão moral, soa estranho definir a liberdade como a capacidade de iniciar uma série de causas. A liberdade não se pode pensar, nem sequer no mundo dos fenómenos, como uma causalidade.

Entretanto, porém, a problematização gnoseológica de Kant, de querer demonstrar a validade das categorias para o mundo dos fenómenos e de eliminar assim do mundo o famoso escândalo da filosofia, a cujo respeito Kant se queixara de que a realidade do mundo exterior continuava a ser uma afirmação não provada, revelou-se na sua questionabilidade, a partir da própria abordagem. Existirá em geral uma consciência que apreenda as suas percepções e possa estar segura do seu valor de realidade? Não se insere o homem, desde o princípio, na grande evolução do Universo, de modo que o seu ser-no--mundo representa, inclusive para a visão da ciência natural, o autêntico dado primordial? Argumenta-se assim: o sistema dos conceitos que utilizamos na intromissão pensante da nossa experiência não carece de justificação alguma, porque ele próprio é o produto da evolução natural, na qual a adaptação do ser vivo ao seu ambiente se justificou sempre, por assim dizer, como a sua condição primária de existência. A história da Terra, ou mesmo do Universo, pode pensar-se a uma escala que supere toda a imaginação humana e, ao invés, a história do Homem nesta Terra, e justamente a tradição histórica, que se conservou na humanidade para lá da sua «história», pode medir-se segundo uma escala que a faça sobressair como uma pura insignificância – metodicamente, graças a esta nova perspectiva, a ordenação da natureza retornaria ao seu acontecer processual, a uma história em que a história humana teria, por fim, o seu lugar facilmente explicável. E deste modo ter-se-ia superado o velho dualismo de natureza e liberdade.

Por outro lado, esta argumentação esbarra naquilo que mais acima se observou acerca das mudanças no estilo das ciências do espírito e na preponderância das ciências sociais. Também noutras ciências da cultura se estabeleceu, por exemplo sob o lema do estruturalismo, um modelo explicativo que prometia esclarecer áreas tão inacessíveis como a tradição mítica dos povos, o enigma da construção idiomática ou os mecanismos do inconsciente. Estaremos prestes a entrar numa era da *post-histoire* na qual irromperam estruturas sólidas, embora numa base evolucionista? Pode pensar-se que em todas as realizações culturais da humanidade o gigantesco processo de adaptação dos seres vivos a este mundo alcançou, por assim dizer, a culminação. Um exemplo elucidativo: por trás da multiplicidade das línguas existentes, Chomsky tentou estabelecer genuínos universais linguísticos que devem ser subjacentes às leis estruturais particulares de cada língua real. Hoje objecta-se que, ao fazê-lo, se apoiou demasiado na sua própria língua, o inglês. Os seus resultados não podiam reclamar qualquer validade universal. Ficamos, pois, com a pluralidade de línguas e, dentro delas, com parentescos e diferenças absolutas. A estrutura predicativa da construção frásica indo-europeia revela-se, deste ponto de vista, como uma particularidade histórica; e os diversos mundos linguísticos, nos quais tentamos pensar, prometem dados diferentes. Ora bem, a linguagem, embora não constitua um universal no sentido de um princípio configurador unitário, deve olhar-se como um dos mais importantes equipamentos para toda a humanidade no nosso estádio evolutivo mais avançado. Não é evidente que o pensamento da ciência moderna possa abarcar, com os seus métodos de medição e objectivação, aquilo que algures se experimenta como em toda a parte presente. As culturas em que o elemento atmosférico ou a ubiquidade do olfacto se encontram à luz da consciência terão certamente de se articular de modo diferente também na esfera linguística.

Ainda outro exemplo. O nosso conhecimento da história da Terra e dos acontecimentos ocorridos na sua superfície aproxima-se lentamente dos espaços temporais em que os vestígios do ser humano adquirem uma maior densidade e as primeiras conexões históricas se afiguram susceptíveis de reconstrução. Não é insensato imaginar uma aproximação sempre mais estreita e uma maior densidade da nossa imagem do passado do homem no futuro da investigação. Já hoje se revela em muitos casos a relação entre pré-história e tradição histórica como um resultado seguro. Poderá tudo isto significar que caminhamos para uma época em que haverá uma verdadeira ciência unitária? Ela terá de evitar a parcialidade do chamado fisicalismo e, contudo, ser capaz de, entre resultados de escalas ingentemente diversas, tornar pensáveis certas conexões e de estabelecer uma relação entre a evolução do Universo e o breve tempo de história iluminada da humanidade.

Pergunto agora: numa nova e metodológica estrutura unitária, isto fará ou não esvanecer a especificidade das ciências do espírito, tal como as conhecemos? Poderemos inferir das experiências do nosso século algo para esta questão que diz respeito ao nosso futuro? Creio que sim. A tendência para a unificação da nossa imagem do mundo e do nosso comportamento dentro dele, que corresponde à tendência para a homogeneização e para a mobilidade crescente da sociedade actual, contrapõe-se, por outro lado, a uma tendência para a diferenciação e para uma nova articulação de diferenças até agora ocultas. Tal como o Romantismo fez reviver os espíritos do povo e o ideal construtivo do racionalismo encontrou assim a sua contrapartida, surgem hoje, na vida política, movimentos contra a centralização crescente e a formação de vastas áreas de poder. Os Estados soberanos do passado, que se baseavam no poder efectivo e na soberania da autodefesa, desaparecem cada vez mais sob a pressão das superpotências. Mas, ao mesmo tempo, vemos surgir em toda a parte uma aspiração à autonomia cultural que contrasta singularmente com a realidade das relações de poder. Até mesmo na Europa observamos algo disto, por exemplo na separação da Irlanda da forma estatal britânica, na luta idiomática entre Flamengos e Valões, nas aspirações secessionistas que criam tensões, por exemplo, entre a Catalunha e Castela, e que provavelmente acederão a uma autonomia cultural regional, tal como é já, há algum tempo, uma inteligente realidade sobretudo na União Soviética, que alivia a pressão do centralismo da economia planificada russa e do sistema unipartidário.

Mas estas tendências para o futuro perfilam-se sobretudo à escala global e caracterizam o fim da era colonial e das suas convulsões. Muitos países antigos iniciam novos caminhos e países novos procuram caminhos antigos. A Europa parece assim entrar numa nova actualidade. A Europa tem a experiência histórica mais rica, pois possui no espaço mais reduzido a maior diversidade e um pluralismo de tradições linguísticas, políticas, religiosas e étnicas, que tem de controlar desde há muitos séculos. A tendência actual para a unificação e a erosão de todas as diferenças não deve levar ao erro de que o enraizado pluralismo das culturas, das línguas e dos destinos históricos pode ou deve ser realmente reprimido. Numa civilização cada vez mais niveladora, a tarefa poderia antes consistir no inverso, a saber, em desenvolver a vida própria das regiões, dos agrupamentos humanos e do seu estilo de vida. A inospitalidade, com que o mundo industrial moderno ameaça o ser humano, leva à demanda de uma pátria. Que se segue daqui?

É preciso evitar introduzir em tais ideias da coexistência do diverso uma falsa exigência de tolerância ou, melhor, um falso conceito de tolerância. É um erro muito difundido considerar a tolerância uma virtude que renuncia a teimar no próprio e que defende os valores alheios. Indaguemos aqui a nossa própria história europeia. Deparamos, por exemplo, com as sangrentas e destruidoras guerras religiosas que, como consequência da Reforma, assolaram o centro da Europa, nos alvores da época moderna; ou vemos que, no século XVII, a pressão do Islão encontrou por fim uma resistência invencível às portas de Viena. Vemos, até hoje, que a intolerância e a repressão violenta do outro na luta pelo domínio do globo são determinantes. Pergunta-se onde é que aqui têm ainda validade os ideais da humanidade esclarecida e da tolerância. Mas pode dizer-se mais alguma coisa: onde há força, há também tolerância. Tolerar o outro não significa em absoluto perder a plena consciência do seu irrenunciável ser. O que capacita para a tolerância é antes a própria força, sobretudo a força da própria certeza da existência. O exercício de semelhante tolerância, sobretudo como ela se produziu de modo doloroso na Europa cristã, parece-me uma boa preparação para as grandes tarefas que esperam o mundo.

O que se passa com a tolerância, que se deve basear numa força interior, sucede igualmente com a objectividade científica que se pressupõe nas ciências do espírito. Não se trata aqui da rendição de si e da auto-extinção em favor de um acordo geral, mas da inserção do próprio para o conhecimento e o reconhecimento do outro. O trabalho verdadeiramente global em prol da coexistência humana neste planeta é a autêntica tarefa do futuro da humanidade. Não me atreveria a dizer que as ciências do espírito tenham aqui a sua tarefa. Diria antes que as tarefas, tal como elas se impõem cada vez mais neste entrosamento pluralista da humanidade, são as que propõem sempre novos problemas às ciências do espírito, problemas de investigação histórica, de história da arte, de história do direito, de história da economia, de história da religião, que influem directamente nas estruturas da realidade.

Gostaria de ilustrar a conclusão geral que quero tirar com um problema específico. É o papel que pode desempenhar e que necessariamente terá de desempenhar a história da religião na era do ateísmo. Os vestígios mais antigos que conhecemos do fenómeno da religião encontram-se no culto funerário. É o cunho humano que primeiro se dá a conhecer e parece-me muito significativo que tenha conservado a sua força determinante até aos sistemas sociais ateus da actualidade e que, decerto, a continuará a conservar no futuro imediato. Ritos fúnebres, monumentos funerários, cemitérios, ritos de luto, formas de lamentação – tudo isso se articula das mais diversas maneiras no seio da humanidade e aponta para lá das fronteiras dos costumes religiosos geridos pelas Igrejas. Por sua vez, cada religião, de acordo com a sua essência, deve persistir em reconhecer-se como o verdadeiro caminho da salvação. É evidente que isto nada pode alterar na universalidade com que formas de vida e de morte religiosas ou já tornadas profanas acompanham a humanidade. Aqui há realidades irremovíveis da experiência humana, que nenhum poder do mundo pode reprimir. Interrogo-me agora se, na época do nivelamento e da futura civilização mundial, perdurará a força pertinaz dos costumes, das confissões de fé e dos valores vividos. Parece-me que a visão da força inercial na vida cultural do ser humano é onde justamente a expansão da civilização mundial de hoje encontrará a sua limitação interna, e afirmo que um elemento da produtividade das chamadas ciências do espírito é que elas intensificam a visão das forças inerciais da vida vivida e admoestam-nos, assim, também para as tarefas da experiência da realidade no futuro.

Haverá, decerto, não só ex-diferenciação, mas também novas formações de grandes espaços dentro dos quais deverão crescer novas solidariedades e transferir-se para o sentimento vital de todos. Eis uma tarefa que se propõe à Europa para o seu próprio futuro. Afinal de contas, a presente reflexão, que aqui em comum tentamos, é já por si mesma uma ilustração desta questão. Que é que a Europa pode ainda ser num mundo alterado, em que ela se verá reduzida a uma participação muito modesta na configuração mundial, não só no seu poder político, mas talvez em muitos outros aspectos? Antes de toda a possível conformação política de uma Europa unificada, a unidade espiritual da Europa parece-me uma realidade – e uma tarefa que encontra o seu terreno mais profundo na consciência da sua diversidade. O sinal mais visível de vida e a aspiração espiritual mais profunda em que a Europa se tornará cônscia de si mesma parece-me ser o de conservar na consciência, em plena competição e intercâmbio de culturas, a especificidade essencial das suas tradições vividas. Trabalhar neste sentido parece-me ser a contribuição permanente que as ciências do espírito têm de prestar não só para o futuro da Europa, mas também para o futuro da humanidade.

# O Fim da Arte?
## Da teoria de Hegel sobre o carácter passado da arte à anti-arte actual

O tema «fim da arte» não significa para nós apenas o mesmo que, tão amiúde, significou na vida e na evolução da arte no Ocidente, a saber, a reacção de uma geração à mudança das coisas e, sobretudo, das questões de gosto, que uma geração mais jovem apresenta como aquilo que é correcto. São sobretudo os mais idosos que, meneando a cabeça, recusam a nova arte, como se ela fosse o fim do bom gosto e da arte verdadeira. Hoje, como é patente, trata-se de uma ruptura e de uma irrupção mais profundas, de uma dúvida e suspeita mais radicais, que nos desafiam a todos a pensar com justeza sobre a situação.

No fundo, o declínio da sociedade cultural [*Bildungsgesellschaft*] e da sua cultura estética é que nos obriga, na moderna época industrial, a levantar esta questão. Procuramos ajudas mentais para este processo. Tal ruptura não é apenas uma derrocada mas, como todas as rupturas, pode transformar-se em gérmen de um novo crescimento. Quando nos interrogamos onde poderemos encontrar esteios intelectuais para gerir esta situação, Hegel é quem se nos depara mais próximo. Por ele foi primeiramente formulado o tema do fim, não só da arte, mas também numa acepção muito mais ampla. Hegel, esse valente suábio, afirmou compreender, no seu próprio pensamento, a culminação de toda a história do pensamento e da alma do Ocidente, mais ainda, da história da humanidade em geral. Estava convencido de que a história, em certo sentido, tocava o seu fim, pois deixara de ser possível qualquer dúvida ou discussão sobre o princípio sob o qual decorre a trajectória da história mundial, a saber, o caminho para a liberdade de todos, segundo o qual a razão se implanta na história. Tal é a conhecida doutrina de Hegel, a cujo respeito podemos dizer que ela tornou consciente, com juízo certeiro, um princípio que alcançou a sua vitória final com a Revolução Francesa, mas que, no fundo, surgira com o cristianismo. É já indiscutível que todo o ser humano deve ser livre e que não deve haver escravos nem escravização de nenhum tipo. A história consiste na tentativa de realizar este ideal; assim o ensinou Hegel e, por isso, na época das revoluções que lutam por esta realização, a história universal segue em frente: como a luta de domínio contra domínio e pela libertação da dominação – uma luta, cujo fim ainda não se pode prever.

No entanto, não é apenas o fim da história que aparece diante da nossa experiência real sob uma luz duvidosa. O mesmo acontece com o fim da metafísica, que, em princípios do século XIX, foi proclamado pela primeira vez por Auguste Comte sob o lema do «positivismo», da *philosophie positive*: «A era da metafísica terminou. Entrámos na era da ciência». Isto foi dito e garantido repetidas vezes. No nosso século, Martin Heidegger levou, por assim dizer, até ao fim a mesma tese, ao discernir – como a visão do último homem de Nietzsche – o fim da filosofia no advento de uma dispensabilidade geral da questão do ser, na era da culminação técnica mundial, que carece de um pensamento diferente.

Eis três vaticínios do fim – o da história por Hegel, o da metafísica por Comte e o da filosofia por Nietzsche e Heidegger – e por eles gostaria de começar. Quero voltar-me em especial para a achega intelectual que representa a afirmação de Hegel acerca do carácter transacto da arte. É uma formulação muito sábia, como é preciso reconhecer, que não brilha pelo seu engenho nem deslumbra pela elegância, mas antes choca pela rudeza. Concerne a algo essencial, e ainda se nos afigurará talvez mais essencial se a seu respeito reflectirmos mais longamente e nela reconhecermos a nossa questão actual. Se, segundo Hegel, o saber e a ciência são o que fazem da «arte» algo de passado, a «ciência» não é, porém, para ele o progresso impressionante das ciências experimentais que relacionamos com o lema do positivismo; é antes a síntese compreensiva de todo o nosso saber que, num último sentido, enquanto ciência do conceito, enquanto «filosofia», superou inclusive a tarefa da arte e representa uma forma mais elevada de consciência intelectual. A tese sobre o carácter transacto da arte remete em Hegel para o facto de que, na época clássica da escultura grega, o divino se expôs a si mesmo imediatamente como a própria verdade, na manifestação da arte. A época do Deus supramundano, quer dizer, do cristianismo e da sua mensagem, pôde ainda participar nesta verdade, na forma da rememoração e da celebração da memória do divino. As chamadas artes românticas, como se dizia no uso linguístico do tempo de Hegel, sobretudo a pintura e a música e, decerto, também a arte universal, a poesia, é que conservam, na era cristã, a ressonância da comemoração dos deuses. Assim entendida, a teoria de Hegel sobre o carácter transacto da arte não implica, em primeiro lugar, que a arte já não tenha futuro, mas que na sua essência pertence sempre ao passado, embora possa continuar a florescer, até qualquer futuro. Ela já antes fora ultrapassada por outra possibilidade de apreensão espiritual do verdadeiro que Hegel divisara na mensagem do Novo Testamento, quando, a propósito, este se referia à «adoração em espírito e verdade». Ter elevado ao conceito a verdade do cristianismo foi, pois, a pretensão da sua própria doutrina filosófica. A tese ousada do carácter pretérito da arte quer ser, muito menos do que em geral se diz, uma crítica da arte do seu próprio tempo. Contudo, não é por acaso que justamente na época a que Hegel pertence e que é, para todos nós, a época de Goethe, mas que para a filosofia significa o período do movimento filosófico desde Kant a Hegel, a arte e a sua posição na economia da demanda humana da verdade ocupam um lugar privilegiado do interesse. As *Lições sobre Estética* pertencem às obras de Hegel que mais profundamente determinaram o pensamento dos séculos posteriores. Em todo o caso, das suas lições é aquela que, elaborada com brilhantismo literário por um dos seus alunos, surge tão legível que Hegel pode aí expressar-se como um mestre, sempre com uma resposta para as vivas perguntas dos seus ouvintes. Quando Hegel escreveu os seus livros, a *Fenomenologia do Espírito* e a *Lógica,* foi para um círculo muito reduzido de homens capazes de pensar. Algo de semelhante encontramos em Heidegger quando, na sua fase tardia, enviou para o mundo os seus enigmáticos ensaios, que permaneceram em grande parte crípticos – em comparação com o ímpeto da sua voz, com que se dirigia aos seus ouvintes, ensinando e falando.

As lições de Hegel sobre estética representam, no seu conjunto, uma resposta que também soube dar determinação ao tema do carácter pretérito da arte. Hegel vê na arte a presença do passado. Eis a grande e nova distinção que a arte efectivamente ganhou em toda a nossa consciência. Aliás, tal é confirmado, e não em último lugar, pelo uso linguístico. Só agora, no século XIX, é que a expressão «a arte» começa a adquirir o seu sentido limitado e inequívoco, ou seja, a designar o que antes tinha de se distinguir expressamente como «belas artes» das outras artes humanas, o artesanato e a mecânica. «A arte» como presença do passado não é simplesmente um aspecto da emergência de uma consciência histórica, que, no fundo, recebeu o seu primeiro cunho na concepção cristã da história da salvação, e o último na secularizada história salvífica da era do Iluminismo, na qual importa inserir também ainda a construção global da história universal de Hegel. O que se anuncia na crítica romântica do Iluminismo é algo diferente: é a nova consciência da alteridade de todos os passados, que abre caminho no final de uma nova tradição da metafísica como perspectiva histórico-salvífica global. Nesse momento, «a arte» significa algo de inédito: graças à contemporaneidade essencial de toda a arte torna-se consciente algo que uma última reflexão sobre a história ilustra. Em certo sentido, tal encontrou na tese hegeliana a sua primeira autoconsciência velada.

Em todo o caso, uma novidade decisiva surgiu no século XIX e que determinou a evolução da arte. Foi o fim da grande evidência da tradição humanístico-cristã. Perdeu-se assim o mito comum a todos. Por mito não entendo o elemento solene e festivo que o leigo costuma associar a esta palavra, e também não o conceito religioso contrário ao verdadeiro Deus do cristianismo. Mito significará aqui apenas o seguinte: o que se narra, e de tal modo se narra que ninguém pode duvidar, tal é a força com que ele nos diz algo. Mito é o que se pode relatar sem que a alguém ocorra perguntar se é verdadeiro. É a verdade que a todos congrega, em que todos se compreendem. E foi precisamente isto que então chegou ao fim: a evidência da tradição humanístico-cristã.

Para sabermos que é assim, basta olhar à nossa volta. É o fim do último estilo arquitectónico comum da nossa civilização ocidental, o fim do barroco e do seu rebento, o rococó. Desde então, mal existe algo de igualmente vinculativo em geral e de vinculativo para uma época inteira, que se manifesta no espírito da arquitectura e impera como estilo arquitectónico. Depara-se com uma grande variedade de formas de construção e estilísticas, que se encontram lado a lado. É significativo que a primeira forma arquitectónica que, como estilo, distinguiu os edifícios públicos fosse na altura o classicismo. O nome indica já a referência artística a um modelo mais antigo. Pensemos em Munique e em Klenze. A esta primeira forma de construção seguem-se outras réplicas, quer seja do barroco, do renascimento, quer o novo gótico e até mesmo o românico nas nossas estações ferroviárias.

O que a arquitectura aqui nos revela tem uma validade universal. É-lhe inerente a evidência com que uma consciência pública se expressa em edifícios públicos. Quer se trate da ordenação da vida cultual ou do governo ou apenas do novo sentimento vital da diligência profissional e da virtude burguesa – eram todos, decerto, obras de arte. Mas eram, ao mesmo tempo, obras em que todos se reconheciam. Não foi, por isso, no fundo, uma distinção estética que facilitou aos entendidos e aos doutos uma distância judiciosa e que, nas criações da arquitectura, da pintura e da música, soube diferenciar a arte, aqui operante, da mensagem e da expressão nela presentes. O mito – para usar de novo, na acepção mais prosaica, o conceito por mim proposto – valia para todos. Nas minhas próprias investigações, introduzi para tal a expressão artificial de não-diferenciação estética – e disto se trata justamente, e não da questão de quem fez ou não a distinção. Ambos participaram no mesmo. Por isso, perguntamos o que é o novo, quando a arte se reconhece como arte. Temos de nos interrogar, se quisermos esclarecer a nossa pergunta de hoje, a saber, se a arte deixa de poder ser arte. A pergunta sobre a verdade da arte ganha um novo sentido, da mesma maneira que esta já não se encontra subordinada a outras necessidades do espírito, mas está consciente de si mesma e nós dela como arte. Só quando pensamos na arte como arte se torna questão o que antes se respondia a si mesmo.

Assim se deve entender também, quando Heidegger, no decurso da destruição da tradição metafísica do Ocidente, renova a pergunta sobre a verdade da arte e fala do pôr-em-obra da verdade. O que então se oferece ao olhar é a totalidade do passado e do presente da arte. Hoje, quando tudo se estende em dimensões globais, pergunta-se, numa nova amplitude, porque é que todas as distâncias, tanto dos tempos como dos espaços, se mudaram para a proximidade de um novo presente e todas fazem valer ao mesmo tempo a sua pretensão. Doravante teremos de lidar com uma dupla figura em que a arte nos sai ao encontro. Na era da consciência histórica, ela deve, por assim dizer, olhar para ambos os lados: primeiro, para a presença do passado, que deixa toda a arte ser contemporânea; em seguida, para a arte da própria época, que é a única nossa contemporânea. Esta relação tornou-se tensa. Quanto mais se difundiu a educação histórico-estética no século XIX e no nosso século, tanto mais se faz sentir semelhante tensão. A criação contemporânea entra cada vez mais na sombra do grande passado da arte, que nos rodeia como presente. Veja-se, por exemplo, como a música contemporânea se põe, por precaução, no meio do programa para que ninguém chegue demasiado tarde nem se vá embora demasiado cedo. Eis um sintoma. Expressa algo pelo qual não se pode culpar ninguém. É a tensão em que se vê emaranhada toda a nossa consciência artística e que se intensifica cada vez mais no nosso século. Basta pensar na explosão da pintura no princípio do nosso século, no surgimento da pintura abstracta ou no lema da anti-arte, que actualmente expressa a resistência tanto contra a nossa sociedade industrial e a reprodutibilidade universal como contra a sociedade cultural do passado.

Questionemos de novo Hegel. Na sua estética, afirmou-se plenamente o ponto de vista da arte. Isso salta logo à vista no tratamento que o conceito do belo natural recebe. Do ponto de vista da arte, ele já não possui nenhum carácter autónomo. Vemos sempre a natureza com os olhos do artista plástico. Trata-se de uma profunda mudança. O pano de fundo teológico ou cosmológico da experiência da natureza diluiu-se totalmente, porque já não é a criação cuja grandeza e sublimidade emociona os seres humanos, mas sim a resposta anímica que a natureza nos pode dar, e decerto na sua inacessibilidade ao querer humano. Que o belo natural e as especificações que Kant nele leu prestem os seus serviços de forma espontânea e involuntária à teoria estética do presente, como mostra o exemplo de Adorno, deve-se apenas à confusão entre gosto e arte.

Hegel, porém, definiu o chamado belo da arte como a aparência sensível da Ideia. Tal não formula, certamente, nenhum ideal estilístico determinado, antes uma asserção filosófica sobre o que a arte é sempre enquanto arte. Importa a este propósito perguntar de que modo se deve entender esta definição na época pós-hegeliana e no nosso tempo. Como em semelhante definição o conceito do belo está delimitado por conceitos, contém evidentemente uma extrema contraposição, o sensível e a Ideia. É a distinção do platonismo, a separação do *mundus sensibilis* e do *mundus intelligibilis,* o mundo sensível e o espiritual, que, como se sabe, está na base da linguagem conceptual hegeliana. Mais ainda, é a reconciliação dos dois mundos, a qual deve residir no belo – o que representa uma relação directa com Platão. O belo é precisamente a aparência do bem, é o brilho sensível, o resplendor sensível, o esplendor derramado sobre o aparente, de modo que aparece e brilha como uma figura ideal. O brilho sensível da Ideia proclama, pois, no fundo, a congruência una de coisas totalmente diferentes, da Ideia e da aparência. É, de facto, o que todos admiramos nas grandes épocas estilísticas do passado da arte e o que igualmente sentimos diante das obras conseguidas da actualidade, esta indistinguível e indistinta unidade de aparência e conteúdo. De início, isto ressoa, sem dúvida, como o ideal estilístico da arte clássica em que o deus está presente na manifestação da escultura. No entanto, também hoje se compreende a presença do que é comum a todos na aparência da arte, porquanto, para lá de todos os níveis culturais e intelectual, todos reconhecemos na figura do divino, no conteúdo mítico, a mesma presença. Isto quer pensemos nas Paixões de Bach que, na igreja, congregam numa experiência comum os amantes da música nobre e os verdadeiros membros da comunidade cristã, quer pensemos no teatro grego, cujos textos ainda facultam um material inesgotável à formação das gerações e discernimento dos doutos e que, no entanto, cativavam todo o público teatral da Ática, desde artesãos à nata da sociedade. A única coisa que torna possível esta solidariedade na recepção é a não-diferenciação estética, a participação em algo comum.

    A congruência una entre Ideia e manifestação continua a ser, em certo sentido, uma definição válida do belo artístico. Mas, nos séculos XIX e XX, já não persiste como uma definição evidente, aceite por consenso geral. Nem sequer já através do desvio de uma politização artística, na onda do nacionalismo emergente do século XIX, se chega a uma consonância evidente nas asserções sobre a arte. É, sem dúvida, uma perda e, como a todas as perdas sentidas, corresponde-lhe uma necessidade e um esforço por recuperar o perdido. Isto marca a arte dos modernos, na sua demanda do comum e evidente. Com o termo «arte moderna» não me refiro aqui somente aos «modernos» dos inícios do século XX. Refiro-me a todos eles. Incluem-se, decerto, os modernos e os mais modernos. Tudo quanto se criou a partir do pseudo-historicismo do século XIX são novos caminhos do risco, novos caminhos da criação. O artista é impelido pela consciência de que uma «declaração», uma nova assembleia em torno do comum, do verdadeiro, que a todos une, tem de ser bem sucedida. Compreende-se assim o que encaminharia para a sociedade da *Bildung*, essa manifestação da cultura burguesa dos séculos XIX e XX, quando se perdeu a evidência das asserções relativas à criação artística contemporânea.

    Compreende-se até – sintoma inconfundível desta perda – porque é que, justamente nestas circunstâncias, se produziu o fenómeno do *kitsch*. Se não me engano, o *kitsch* existe desde que surge a necessidade de algo comum que já não está ao alcance de todos enquanto pressuposto evidente. Pense-se, por exemplo, na evidência com que, na grande história da pintura, a imagem representativa do imperador com todos os seus atributos, para nós tão distantes, do cavalo, da armadura e do bastão de marechal, é, no entanto, tão ajustada à figura imperial. Ou nas imagens dos santos, que, apesar de todas as mudanças de concepção, nunca causam a impressão de um disfarce ou de uma máscara porque, como expressão evidente da veneração piedosa, incluem a evidência da manifestação sensível. Só a partir do desvanecimento de tal evidência é que se privilegia a busca do efeito, que associamos ao fenómeno do *kitsch*. É possível que seja muito nobre o objectivo que desta maneira se visa e que se quer difundir. O *kitsch* feito com bons intuitos não é melhor do que o puramente comercial. Por isso, não se pode ver o *kitsch* só como um conceito negativo de qualidade. Uma obra de menor qualidade não tem de ser *kitsch*. Por isso, creio que onde não há nenhum conceito de arte que se tenha estabelecido como ponto de vista próprio, separado de todas as demais comunidades, não pode haver *kitsch*. Não tem nada a ver com o nível da criação enquanto tal. Na arte rústica, apesar de toda a imitação que nela se nota, não há *kitsch*. Reflecte-se antes nela, por exemplo, na pintura vitral, a evidência de conteúdos comuns, quer sejam de natureza religiosa quer profana. O atractivo deste exercício artístico ingénuo reside precisamente em que aqui aparece de maneira espontânea o que nos esforços do artista, no mundo actual, só encontra a sua expressão na rara consecução de uma obra. Uma obra de arte conseguida é sempre uma tentativa conseguida de unificação do que se desintegra.

Posso ilustrá-lo com um exemplo: a obra poética de Paul Celan, cuja força criadora se consumiu formalmente na sua tarefa. Era a tarefa de, a partir de fragmentos sensoriais, fragmentos de sons, disseminados como escombros, deixar, apesar de tudo, algo como música, um novo entrosamento do incompatível. Nos raros momentos em que um leitor compreende verdadeiramente a poesia na sua unidade interna, surge imediatamente ali um universal, algo que agora se impõe como evidente. Leio nela o que mudou e o que permaneceu. Não é nenhuma unidade estilística comum, como até o leigo culto sente diante dos grandes períodos artísticos do passado e que torna impossível localizar o estilo pessoal do pintor em questão. Agora, tem-se muito mais a impressão de que o estilo não existe, mas se procura, e é um longo processo de busca até que um artista actual, já não acorrentado a uma tradição evidente válida, encontra a sua própria caligrafia – justamente a sua e que deve ser legível. É, decerto, uma tarefa para ambas as partes, para o artista, que procura a caligrafia legível, e para o leitor, que deve familiarizar-se, por assim dizer, com esta caligrafia e com o que diz.

O exemplo ostenta bem a ruptura e a desintegração que temos diante dos olhos. Propõe à arte a sua tarefa. Ilustremo-lo com alguns grandes artistas do século XIX: até mesmo temas clássicos podem aí receber um novo tratamento e realização, como nos é possível admirar hoje, não tanto nos Nazarenos quanto em Feuerbach ou Marées. Ao invés, o motivo das estações ferroviárias poderia ganhar um novo encantamento cromático. Assim ingressaria numa nova unidade o distante clássico ou o estranho moderno – e isso será uma tarefa não só para o criador, mas também para o receptor. A não-evidência é que deve aqui conquistar uma nova força de convicção através da forma artística da obra.

Isto pode compreender-se perfeitamente, e logo de início, a partir das declarações de Hegel – por isso, comecei com as respostas de Hegel. Na pintura é onde isto se vê com mais clareza. Nela há uma nova opção pela arte experimental já na escolha do motivo e, inclusive, quando reaparecem velhos conteúdos universais ou se utilizam velhas formas transformadas, eles intimam a novos riscos. Exige-se sempre, tanto ao criador como ao receptor, a superação da estranheza. A história da pintura moderna impõe ao pintor uma longa série de tentativas, e ao espectador a familiarização com a escrita do artista. Embora Hegel pensasse que tudo estava provado e medido e que a evolução da pintura consistiria em simples variações – a verdade é que a história da pintura sofreu verdadeiras revoluções. Com cada nova mudança aumentava de tal modo a exigência ao espectador que, por fim, a própria obra de arte parecia perder a sua identidade em face da intervenção das artes de reprodução e do enorme aumento de exigências feitas ao espectador. Na realidade, como já indiquei, a lógica interna desta evolução já está apontada no ponto de partida de Hegel.

Aproximámo-nos assim do estado da discussão que hoje domina a cena. A experimentação dissolveu todas as fronteiras. A expectativa figurativa do leigo foi extremamente violentada. Encontramo-nos no final de um longo desafio que, através da destruição cubista das formas, da deformação expressionista das figuras, do enigmatismo surrealista e do crescente esvaziamento figurativo em direcção ao inobjectal, nos conduziu a uma desconfiança definitiva e resoluta perante as imagens e a arte em geral. A obra de arte já não tem de se propor ao consumidor em vista de um prazer gratuito. O artista quer provocar, irritar, e alguns gostariam de ver na sua obra apenas uma espécie de proposta, ao passo que outros convidam a uma actividade incessante e produtiva. Assim, por exemplo, na música serial, deixa-se ao intérprete a sequência da *performance*. O espectador de um quadro deve, pois, deixar-se convencer e confundir pelas leituras cambiantes da mesma pintura: recordemos as catedrais de Monet, ou as 40 variantes de Picasso sobre *Las Meninas* de Velázquez. A excitante vitalidade dos novos ritmos, a intensificação do cartaz, o caricatural, o sinalético, querem deixar totalmente para atrás a identidade da obra assente em si mesma.

Segundo me parece, é precipitado, pois, contestar a legitimidade do conceito de obra. Mas enquanto a peça de fabrico artesanal ou industrial se cumpre e desgasta no uso, a obra de arte pode inserir-se, e muito, nas pressões e finalidades da vida – mas sobressai. Ganha consistência. Existiu uma vez entre os homens (Rilke). Primeiro, temos o próprio artista que, entre as inumeráveis tentativas de trabalho que servem o seu mister, designa esta ou aquela como atinente à sua obra. Chama-se então a sua *oeuvre*. Mas aqui conta também o receptor. Recordo muitas improvisações do organista Günther Ramin em torno dos motetos da igreja de São Tomás em Leipzig. Nem sempre, mas às vezes desejámos não sair, de tal modo nos cativava a improvisação do poslúdio no órgão. Efémero, único, irrepetível – no juízo ganhava consistência, como notou um dos ouvintes. Eis o que significa «julgar»: seleccionar (ou rejeitar), fazer sobressair para a luz do válido. Não se trata, decerto, de uma identidade inanimada da obra, contra a qual se deveria aduzir a diferença. É sempre a entrada no novo da validade, numa validade permanente e ao mesmo tempo cambiante. Pode ser que os dias da pintura estejam contados, que o grande mural de Antonio Tàpies ou de Miró, ou as esculturas e monumentos ao ar livre de Henry Moore ou de Serra alcancem melhor a sublimidade plástica das grandes superfícies e dos grandes espaços e correspondam melhor à urgência e à precipitação do nosso mundo vital do que no âmbito das galerias – tudo o que tem consistência como obra de arte retém-nos, faz-nos habitar em plena efervescência da tormenta.

Façamos a prova, seguindo o antigo uso fenomenológico e apontando para o centro comum a partir dos extremos. Que é que faz com que a arte seja arte, tanto ontem como hoje e amanhã? Como tais extremos vejo (com Hegel) a arquitectura e a poesia. Uma mergulha inabalavelmente nos tempos, nas decomposições e ruínas – e, no outro lado, transmite-se a arte da palavra, a poesia, que sobrevive e vence todos os espaços e tempos. Perguntemos como nestas formas extremas de arte, entre criador e receptor, a palavra tem o seu posto e conquista a sua vida. Formular assim a pergunta significa de antemão tirar a base à falsa alternativa entre produção e recepção, entre estética da produção e estética da recepção. E não apenas que o outro lado estará sempre rodeado pelas duas bandas. Da parte do artista lá está o olhar prévio para o efeito como cumprimento de uma esperança, como superação de uma esperança, ou como efeito contrastante de uma esperança. Por outro lado, a obra depara sempre com a arte de modo a que, por parte do receptor, se lhe atribua, a ela ou ao artista, que é o seu criador, uma intenção ou uma ideia, e de modo a que em certas circunstâncias a própria obra deva ficar aquém da sua ideia. Mas ambas as intrusões do outro lado permanecem, por sua vez, como antecipações, e a verdadeira realidade tem um aspecto diferente. Enquanto algo de conseguido e bem terminado, a obra não é nem a simples consecução de um efeito planeado nem, visto do outro lado, pode a ideia, que o receptor nele reconhece, pretender abarcar totalmente o assunto. É como um diálogo genuíno em que o imprevisto ocorre e indica a direcção ao desenvolvimento da conversação.

Por isso, em arquitectura, falamos do plano do arquitecto e da ideia arquitectónica, que o admirador reconhece no edifício. Ou falamos daquilo que o poeta quer dizer na sua poesia ou do que nela nos impressiona. Também o poema diz muito mais do que este ou aquele ouve. A compreensão não quer reconhecer o que alguém quis dizer. Trata-se de algo mais, de algo que nem o poeta sabe, nem ninguém mais pode dizer e que, no entanto, não é arbitrário nem subjectivo. Como é, eis o que importa indagar.

Aí estão o construtor e o arquitecto. Não se trata de uma inspiração, de uma construção como, decerto, a sonha ou a guarda numa gaveta cada arquitecto, mas sim da existência de um lugar determinado e de um fim específico, de um ambiente previamente escolhido, na cidade ou no campo; a arte do arquitecto consiste, sem dúvida, em ajustar-se às condições espaciais e em fundar uma nova ordenação do espaço. Os edifícios nunca são utopias, Na arquitectura, conservou-se com mais força do que noutros domínios artísticos a função directiva que incumbe a toda a criação graças à necessidade, ao fim estipulado e ao encargo. Dizemos então que o artista é aqui menos livre, e talvez seja verdade. Em todo o caso, a autoconcepção moderna do arquitecto não ficou imune à mudança geral que trouxe consigo a ascensão da arte à autonomia. O predomínio da fotografia livre e a sua difusão através da técnica de reprodução do nosso século actuou sobre o arquitecto e sobre a experiência da arte arquitectónica através do espectador. Quem vê edifícios como fotografias (ou já não os contempla, mas apenas os retrata) esquece que eles se erguem no espaço e criam espaços em que entramos e saímos; que não estão aí sobretudo para a visita turística, mas que têm o seu lugar na nossa vida – como igreja, câmara municipal, banco, banhos, instalações desportivas e quejandos. De repente, porém, temos consciência de algo que surge quase imperceptivelmente, algo que nos obriga a parar, algo que compreendemos como uma resposta e em que nos reconhecemos a nós mesmos. A desabituação de olhar para o previamente dado, que corresponde à construtiva força de abstracção da técnica moderna, destruiu certamente muitas coisas, cidades e ruas, espaços e praças, e permitiu a cegueira do espectador – como se um edifício pudesse ser uma obra de arte isolada ou não tivesse outra finalidade excepto interpretar o seu tempo, e não estivesse construído num mundo da vida há muito predeterminado.

Nem sequer isto é suficiente para dirigir o olhar para o previamente dado, a partir do qual um edifício pode surgir como a solução idónea. Ele está imerso na maré da vida, que marulha à sua volta, e há sempre homens que não só o admiram, como o incorporam na sua vida. Algo que se encontrava à margem é sugado pela cidade, imprevisível – e de novo o edifício, onde a cidade ou a paisagem de tal são capazes, é inserido, recebe uma nova tonalidade, graças à qual o velho se transforma em novo. Foi o que uma vez vi em Bordéus, onde a cidade medieval mudou de rosto no século XVIII, com a construção de novos edifícios e com a nova importância que se deu às ruas estreitas e rectas, as quais saem do porto para penetrar na cidade; e de todos é conhecida a configuração urbanística de Paris, cujo crescimento superou até mesmo os fantásticos planos de Napoleão. Há alguns anos, estive na minha cidade natal de Breslau. Quando saí da estação central intacta, o meu olhar pousou imediatamente numa enorme igreja que nunca vira na minha vida. Na realidade, os mamarrachos arquitectónicos de finais do século XIX tinham, entretanto, sido reduzidos a escombros e a igreja era nova. Um edifício pode assim adquirir uma importância espacial, que ninguém previra. Também o arquitecto actual, que dispõe de meios novos e insuspeitados e se defronta com tarefas características da sua própria época, está com a sua arte ao serviço desta continuidade entre o ontem e o amanhã, que integra a sua criação e a transmite.

Pelo contrário, a poesia, sobretudo desde que existe a literatura e pertence a uma época de cultura literária, de cujo fim estamos talvez a aproximar-nos, parece independente de tais condições espaciais e temporais. É essa a primeira impressão. No entanto, por trás desta aparência pode esconder-se uma dependência mais profunda. Basta interrogarmo-nos: os *espaços* e tempos livres que a moderna vida laboral nos concede são ainda um convite à leitura e até mesmo à leitura da poesia? A este respeito pode, decerto, duvidar-se. Quem sabe se, na economia global das forças humanas que hoje se dedicam com semelhante unilateralidade à forma técnica da civilização da nossa existência, não surgirão de novo necessidades que estabeleçam um novo equilíbrio? Ninguém pode prever se, para lá do interesse pela literatura narrativa, não aparecerá porventura, como uma verdadeira reacção, uma abertura à poesia, e até uma necessidade dela. Seja como for, a independência interna da literatura das circunstâncias e condições exteriores tem, em todo o caso, um importante reverso, que é o grau de actividade, de autêntico esforço e espontaneidade que ela exige como nenhuma outra forma artística.

Nenhuma outra requer tão visivelmente a colaboração do receptor como a poesia. A leitura é até à data a forma autêntica e representativa em que é palpável a participação do receptor na arte. Na realidade, acontece o mesmo em todas as artes, que só no «reconhecimento» encontram a sua realização plena, mas isto manifesta-se na poesia com uma diferenciação particular.

Gostaria de distinguir três tipos deste reconhecimento que, no seu entrosamento, são para nós prototípicos de todas as artes. Encontra-se, primeiro, o requisito de saber ler. Isto não só significa a capacidade de soletrar (e da correspondente capacidade de escrever), mas também a de decifrar o texto como uma unidade oratória. Trata-se da primeira condição para compreender a obra de arte na sua qualidade autêntica. Todos o sabemos através da impossibilidade, por exemplo, de traduzir para a própria língua poesia lírica de línguas estrangeiras, ou de a captar totalmente na tradução. Há no texto poético original um tão íntimo entretecimento de significado e de som que a sua execução significa uma primeira realização de reconhecimento. Todos ouvimos a nossa língua materna e os textos da nossa própria língua numa plenitude, numa riqueza e numa força irradiante que, perante a palavra e a linguagem poética de todas as outras línguas, parecem um reconhecimento de nós mesmos. E, todavia, quem quer que tenha vivido uma longa temporada noutro mundo linguístico sabe que, no regresso, os primeiros e mais simples sons da língua materna nos emocionam como um reconhecimento autêntico. Com quanta mais razão a palavra poética!

Um texto poético, no entanto, não requer apenas a realização do elemento significativo do discurso. Desperta-se sempre outra coisa, em que a nós mesmos nos reconhecemos. São espaços intuitivos livres que a linguagem poética abre e que o leitor preenche com a sua participação. Tal preenchimento varia em cada caso, mas, apesar disso, a identidade da poesia não fica afectada. Quando, num determinado momento, recordo o famoso poema de Goethe «À Lua», as nuvens cerradas e as ondas de luz evocadas pelo «resplendor da neblina» brilharão, sem dúvida, ante os meus olhos muito diversamente de como se apresentam aos de outros ou aos meus noutra ocasião. A linguagem da poesia é única, por diferente que seja o seu efeito. Por isso, Roman Ingarden, o grande fenomenólogo polaco, propôs o importante conceito de «esquema», que designa e ao mesmo tempo solicita e autoriza o livre cumprimento, em que cada qual se reconhece a si mesmo.

Segue-se então, na minha opinião, uma terceira forma de reconhecimento, a que não gostaria de chamar cumprimento – por exemplo, de significados – nem sequer preenchimento – por exemplo, do esquema intuitivo – mas «completamento» [*Auffüllen*]. Parece-me um dos juízos mais essenciais em relação à essência de toda a experiência artística. «Completar» significa aqui que o leitor (ou o ouvinte) capta o que vai além da forma verbal e que se manifesta, por assim dizer, na direcção do que ela quer dizer. Deste completamento todos somos capazes, quando nos impressionou uma forma verbal de natureza poética. Deixamos então despontar inteiramente nela todo o nosso próprio mundo privado e subjectivo da experiência. Vemos e ouvimos para lá dos lugares mais débeis ou fluidos de uma forma; completamo-la e só neste completar forçoso é que a obra de arte obtém a sua autêntica realidade. Desaparece então todo o contraste entre o meu e o seu, toda a oposição entre o que o artista queria dizer e o que o receptor daí tira. Tornam-se uma só coisa. Eis a razão por que perderam todo o resquício de privacidade de modo que, por exemplo, o aspecto biográfico ocasional de um texto poético se transmute em universal. É por isso que as obras de arte proporcionam um autêntico auto-encontro aos que entram na sua órbita. Quando uma obra de arte linguística está aí para nós, muitas coisas previamente formadas podem ter-se insinuado na juntura da forma. O estudo da intertextualidade, tal como é hoje realizado pelos pós-estruturalistas franceses, não está aqui desencaminhado. E, no entanto, uma produção poética, mesmo quando todo o previamente formado se incorporou na nova e única forma, é como algo que o poema nos propõe como se antes nunca tivesse sido dito e como se, pela primeira vez, acabasse de nos ser dito. Aqui reside o significado prototípico do conceito de «completamento» [*Auffüllen*]. Também nas outras artes esta experiência significa a realização total da obra de arte, de modo que já não persistimos numa distância estética do juízo, mas antes de todo nos erguemos no seu interior. Era o que Hegel tinha diante dos olhos, ao colocar a arte como 'intuição' ao lado do recolhimento e do pensamento filosófico.

Numa época em que a técnica de informação e de reprodução derrama uma constante enxurrada de estímulos sobre os seres humanos, a realização da arte tornou-se uma tarefa difícil. O artista actual, qualquer que seja a sua arte, tem de lutar contra uma maré que embota toda a sensibilidade. Precisamente por isto, ele tem de suscitar estranheza, para que a força persuasiva da sua produção seja efectiva e a estranheza se transforme numa nova familiaridade. O pluralismo da experimentação é, por isso, inevitável na nossa época. O estranhamento até ao limite do incompreensível é a única lei sob a qual a força plástica da arte pode realizar-se numa época como a nossa. A unidade ideal de congruência entre conteúdos familiares da arte representativa ou poética e a sua forma figurativa já não pode ser, na nossa época, como nos tempos imersos na tradição. Trata-se agora de incorporar a arte na existência terrivelmente fragmentada, em que o mundo hodierno incessantemente se move. Se as formas da vida mudam ao mesmo ritmo que o nosso presente, as respostas artísticas a este presente terão então de conter uma força particularmente estranha. Mas talvez a diferença entre a arte actual e a mais antiga não seja tão grande como quase sempre se afigura, quando um presente reflecte sobre a sua actualidade ou sobre o seu passado imediato. O fim da arte, o fim da incansável vontade criadora dos sonhos e desejos humanos não acontecerá enquanto os homens configurarem a sua própria vida. Todo o suposto fim da arte será o começo de uma nova arte.

# O Facto da Ciência

O antagonismo entre a investigação segundo o estilo das ciências naturais e o das ciências do espírito alcançou, há cinquenta anos atrás, um grau de tensão e virulência hoje difícil de imaginar.

Posso apoiar e corroborar isto recordando um acontecimento público. Refiro-me ao escândalo que a sucessão da cátedra de Filosofia, ocupada até então por Hermann Cohen, o fundador da Escola de Marburgo, provocou no ano de 1913. Por iniciativa do grupo de ciências naturais da Faculdade de Filosofia foi eleito para ocupar essa famosa cátedra um representante certamente prestigioso da psicologia experimental – um acontecimento que teve como consequência que os representantes de ambos os campos de investigação, da filosofia e da psicologia, protestassem juntos publicamente contra este modo de proceder, que transformava as cátedras de Filosofia em cátedras de Psicologia. Esta acção conjunta deveu-se, naturalmente, como todos os autênticos compromissos da nossa vida, a que assim ambos os lados podiam exteriorizar o seu protesto, os filósofos em defesa das suas cátedras, os psicólogos em defesa das suas. Eis um exemplo entre muitos da situação tensa que reinava há cinquenta anos.

Olhemos para trás: esta polémica não se teria produzido nem teria podido produzir-se 150 anos antes, porque na altura ainda existia uma solidariedade natural, que unia todos os cientistas à filosofia, por muita superioridade que as ciências naturais tivessem. Podemos perguntar-nos de que raízes se nutria a tensão, cada vez mais aguda através dos séculos, entre os dois grupos científicos. Aí se integrava, decerto, a resistência da investigação moderna contra a pretensão de apriorismo da filosofia idealista e, em especial, a crítica à filosofia natural de Schelling e de Hegel. Mas, na realidade, esta construção apriorística tão invocada e desacreditada no terreno do conhecimento da natureza era algo relativamente positivo: proclamava a ininterrupta continuidade da antiga vontade de saber. O que Schelling e Hegel compreendiam de anatomia, por exemplo – e, sem dúvida, graças ao trabalho prático na dissecação –, era muito mais do que sabem a tal respeito todos os filósofos da actualidade. Vivia ainda na reivindicação sintética da filosofia idealista o antigo ideal da universalidade da ciência. O que os grandes sistematizadores do idealismo alemão empreenderam foi uma última tentativa, raiando já os limites do possível, de organizar o conjunto das ciências a partir do pensamento filosófico. Na realidade, era já um século demasiado tarde para semelhante tentativa.

Leibniz e Newton foram os dois últimos grandes poli--historiadores da Europa, cuja poli-história consistia não só numa leitura integral [*Alles-Lesen*] e num resumo posterior, mas também numa participação produtiva na investigação de quase todos os campos da ciência que existiam nessa época. Em contrapartida, já em 1800 a ideia de uma ciência universal sob a direcção da filosofia só era possível como uma realização sintética suplementar do pensamento filosófico, e não já no trabalho de investigação activo em todos estes campos. Isto teve, porém, a consequência natural de que todas as concepções recolhidas à pressa e subjacentes aos resumos e às sínteses filosóficas desacreditaram a reivindicação da filosofia, que nada trazia à verdadeira investigação. Famosa é a fundamentação apriorística de Hegel para a tese de que o número de planetas estava encerrado, tese que apresentou no seu trabalho de habilitação à cátedra de Iena, poucos meses antes de Herschel descobrir o planeta Neptuno. Mas não foi menor a resistência e a reacção à pretensão apriorística de Hegel na *Filosofia da História Universal,* essa grande obra que, como devemos dizer com justiça, revelou uma visão das realidades históricas e uma apreciação das verdadeiras linhas de força do processo histórico que teriam honrado os mais prestigiosos historiadores universais de anos posteriores. Semelhante construção apriorística da história foi, apesar disso, um desafio à orientação da investigação na referida época. A pretensão de que o pensamento filosófico podia deduzir de princípios racionais o que tinha acontecido e que, além disso, sabia o que ia acontecer não podia resistir perante a atitude das ciências experimentais da era moderna. Aconteceu assim que o século compreendido entre 1816 e 1916 se transformou no século da «ciência» e, na verdade, de um modo pelo qual, como se demonstrará, devemos prestar contas. Mas um século de ciência significou antes de mais um século de progresso em constante crescimento e, por isso, um século de ilimitadas esperanças humanas em relação com o poder e as bênçãos da ciência para a vida da humanidade.

Vivemos hoje numa sociedade que se pode denominar, num sentido geral, sociedade das ciências. Admitiu no seu seio as ciências do espírito – se me é permitido utilizar este amplo conceito para tudo quanto se desenvolveu em torno do círculo original mais estreito das ciências naturais – e, segundo parece, com amizade e em paz. Como aconteceu? Que é que aqui mudou? Quem é que mudou aqui? Parece-me que a consciência da solidariedade entre as ciências naturais e as ciências do espírito cresceu, num grau considerável, nos últimos cinquenta anos. Se perguntamos porquê, não me refiro às razões que fazem que também aqui, como em todas as academias, as diferentes classes de cientistas mantenham entre si um certo contacto. Tão-pouco me refiro a uma compreensão mais profunda entre as diversas disciplinas. A especialização das ciências, pelo contrário, proliferou muitíssimo e, inclusive, a classe científico-natural de uma academia, em muitas das suas disciplinas, já não está hoje em situação de apresentar uma verdadeira investigação no círculo dos seus colegas. Como pode, por exemplo, um matemático explicar aos seus colegas algo da sua própria investigação científica? Mas o desenvolvimento que as ciências naturais experimentaram origina justamente um movimento contrário positivo, porquanto as antigas fronteiras das disciplinas se entreteceram de tal modo que, na investigação, a conclusão mais espantosa pode surgir a partir de ângulo de todo inesperado.

Embora tal se deva plenamente reconhecer e apesar de a necessidade de um conhecimento recíproco entre elas aumentar, de modo compreensível, à medida que diminui a possibilidade de cooperação activa, e ainda que na crescente especialização exista, decerto, um pressuposto para a nova solidariedade da ciência, creio que a razão decisiva desta nova solidariedade se encontra fora da ciência, na estrutura da nossa sociedade contemporânea e na sua fé na ciência. Pois ela exige e espera demasiado da ciência, mais do que esta pode, em consciência recta, dar.

Isto nota-se na elevada selectividade e na intensificação excessiva do ideal do perito, que a voz da ciência determina como um juízo definitivo, quer seja nos processos económicos ou de capital, quer em questões de alta política, de guerra, de política económica, etc. A fé nos especialistas carrega sobre os ombros da ciência uma responsabilidade que levou Karl Jaspers a qualificar a nossa era, já em 1930, como era da responsabilidade anónima. Esta evolução da consciência pública é que, a meu ver, une todos os investigadores autênticos numa consciência comum: estão totalmente convencidos de adquirirem conhecimentos sempre parciais, sempre provisórios e que se ultrapassam mutuamente, e de não poderem arcar com a responsabilidade que uma sociedade política irresponsável desejaria transferir para a «ciência».

Eis o pano de fundo sobre o qual se destaca a pergunta que constitui o tema da nossa reflexão: que significa aos nossos olhos o «facto da ciência», quanto pesa? Gostaria de discutir num triplo sentido a fórmula de «facto da ciência», que tomei da filosofia neokantiana de Marburgo. A tarefa consiste em apresentar o que nos une numa solidariedade nova – o que equivale a perguntar: quanto pesa o facto da ciência? O neokantismo de Marburgo cunhou esta fórmula ao reclamar uma nova compreensão de Kant, e é do domínio público que pôde assim seguir o próprio Kant, a saber, a popular exposição que Kant fez da sua obra crítica através dos *Prolegómenos*, os quais deviam servir para um melhor conhecimento da sua «filosofia crítica». Nos *Prolegómenos* formula-se, de facto, a pergunta central da sua *Crítica da Razão Pura:* como é possível a matemática pura, como é possível a ciência natural pura?

Este escrito de Kant tornou-se o autêntico movimento público de penetração do pensamento crítico da sua filosofia. Levou, em certo sentido, à realização o discurso da *Crítica da Razão Pura* sobre a revolução copernicana, que a filosofia devia empreender. A história dos anos oitenta e noventa do século XVIII oferece-nos, de facto, o grandioso espectáculo da enorme rapidez com que se impôs de repente esta obra-prima kantiana, vestida de crinolina e peruca, e encetada com grande disciplina intelectual. A crítica de Kant significou a destruição do exagerado falso saber que, desde Kant e desde o neokantismo, se chamaria «metafísica dogmática», o falso saber da teologia racional, da cosmologia racional e da psicologia racional. Este acto destrutivo da filosofia crítica foi o que verdadeiramente fez época no pensamento kantiano.

Mendelssohn, o filho do Iluminismo, chamou justamente a Kant o triturador universal [*Alleszermalmer*]. Mas foi também um feito positivo, instaurador de um novo estilo do filosofar que, para a consciência da época e, em particular, para o ulterior retorno a Kant, caracterizava a crítica kantiana. Kant forneceu a legitimação filosófica à perfeição da nova física por meio de Newton.

Creio que, se se quiser alcançar o horizonte histórico necessário, nunca se pode compreender com clareza suficiente o que Newton significou – não só para a ciência, mas para a consciência vital humana da época moderna. Isto parece ainda não ser tido bastante em conta na investigação. Na realidade, a viragem copernicana só agora perdeu a sua inquietação, uma inquietação que deveria ocorrer quer através do conflito com a ortodoxa história bíblica da criação, quer através da mortificação da ingénua autoconsciência de um mundo antropocentricamente pensado. Isto parece natural à natureza humana, porquanto esta se caracteriza diante de todas as formas naturais pelo facto de nela o relâmpago oriundo do absoluto fazer surgir um novo *imperium in imperio,* o reino do espírito em pleno reino da natureza. Só quanto tal se divisar com clareza é que se compreenderá como Newton conseguiu uma reintrodução da consciência vital humana na nova cosmologia, não só graças ao facto naturalmente decisivo, na história da ciência, de finalmente agora se incluírem em leis unitárias a mecânica, a física celeste e a física terrestre – não só em virtude do facto desta síntese, que havia de dar certamente o maior impulso à autoconfiança da razão humana, mas sobretudo devido à índole desta síntese: o conceito de força remota, de gravitação, forneceu de maneira assaz inesperada ao conceito de força que, seguramente, o próprio Newton só com a máxima reserva usou, uma evidência interna totalmente nova por parte da consciência humana. O espantoso era que, aqui, algo de todo novo que a física tinha de ensinar, um conceito da força que se pode explicar com definições matemáticas e representar com os novos métodos do cálculo infinitesimal, depara simultaneamente com um testemunho humano. Percepcionar a força é uma disposição fundamental do ser humano, não decerto apenas como um todo objectivável no espaço extenso, mas como potência, adiamento e irradiação, como autoprojecção para um futuro. É o que lemos, por exemplo, em Herder. O seu sentido da história, que o levou a transformar-se num grande percursor da consciência histórica nos últimos séculos, é antes de mais o seu sentido da força e do homogéneo jogo das forças, da corrente de forças que nos rodeia, como ele a sentiu na sua famosa viagem por mar de Riga para França. No seu diário, descreve como vive o efeito da tempestade, o efeito dos elementos, a partir de fora até às fibras mais íntimas de si mesmo. Também o jovem Kant, o Kant pré-crítico, se deveria chamar a segunda testemunha da nova libertação cosmológica que, graças ao conceito de força, conferiu uma nova legitimação ao papel do ser humano dentro de um cosmos infinitamente ampliado. Poder-se-ia mostrar como também o neokantismo, em especial a interpretação de Cohen do conceito infinitesimal, adere, através da força, a esta experiência da realidade.

A ciência da mecânica de Newton tinha, sem dúvida, os seus limites, que foram formulados pelo próprio Kant. Todos conhecemos a sua frase: «Jamais haverá um Newton da folha de erva.» Tal é o ponto em que, de facto, até ao dia de hoje, as disciplinas morfológicas dentro das ciências naturais defendem o seu direito próprio frente às ciências naturais matemáticas. O que Kant conseguiu por meio da sua fundamentação da ciência natural matemática produziu agora, no século XIX, um efeito especial e decisivo, na utilização ao mundo histórico e ao conhecimento que dele temos. O historiador Droysen, autor de uma história sumamente influente, de uma chave para os cursos sobre o estudo da história, expressou uma vez a exigência de que a história encontrasse finalmente o ponto de gravitação, que pusesse termo à confusa oscilação das ciências do espírito. Sublinho a imagem que ele utilizou. Não que tivesse aqui um significado importante mas, ao dizer «ponto de gravitação», e isto em relação com o equilíbrio instável, indica algo daquilo a que aludi, o modelo das ciências naturais na experiência do que se encontra em equilíbrio e é determinado pela compensação de forças.

A adaptação ao modelo das ciências naturais, a incorporação das ciências históricas no feito crítico da filosofia kantiana, marcou efectivamente o século XIX. Dilthey transformou na tarefa da sua vida opor à *Crítica da Razão Pura* uma 'Crítica da Razão Histórica' e o neokantismo, em especial o de Heidelberga, marcado pelo sudoeste da Alemanha, tentou solucionar esta tarefa colocando junto do mundo dos factos nomotéticos, demonstráveis através de uma explicação pela lei natural, o mundo dos valores, a referência axiológica, o sistema dos valores culturais e, a partir daí, tentou resolver o problema: que é que faz de um facto um facto histórico? Qual é, vista objectivamente, a razão de tantos e tantos dados da história universal não serem factos históricos e alguns deles se destacarem? Ele fundou isto na escala de valores: há algo de objectivo que permite aos factos históricos sobressair perante outros factos. As ciências históricas têm a tarefa de, na utilização do sistema dos valores culturais, incluir o conceito de objectividade das ciências naturais.

O facto da ciência representa-se, pois, a si como o princípio gnoseológico da teoria da ciência do século XIX. É, no fundo, uma teoria do conhecimento da ciência natural matemática que, posteriormente, se complementa mediante uma teoria do conhecimento histórico. É, sem dúvida, só um sentido, e não o mais forte ou determinante, daquilo que nós, homens da época moderna, devemos entender sob o conceito de «facto da ciência», enquanto não olharmos, como os especialistas da filosofia, apenas para a crítica do conhecimento. Ademais, «facto da ciência» é, acima de tudo – eis o segundo aspecto que abordo –, a base de toda a cultura ocidental dos tempos modernos. Nela se funda, como ninguém pode duvidar, a moderna atitude civilizacional que abarca o planeta, nela assenta a cultura de unificação e de equilíbrio que, segundo parece, vem ao nosso encontro de modo imparável, excluindo quase a possibilidade de que outras culturas não enraizadas no Ocidente, em especial as altas culturas da Ásia, possam continuar a sua trajectória cultural sem a uniformização europeia. Este facto da ciência, que deu os seus primeiros passos no século XVII, enfrentou desde o princípio, e penso que até ao dia de hoje, o compromisso de um equilíbrio com aquele outro saber que incumbe ao homem e sempre lhe é já inerente, que determina em grande parte os seus passos como ser social e também a sua existência pessoal e privada, e que está marcado pelo poder da tradição. Na filosofia, tal foi atestado pelo poder da ciência aristotélica denominada ciência primeira, *prima philosophia,* que continuou a estar presente para os inventores e missionários da nova metodologia do século XVII, obrigando-os a um constante conflito. Descartes nunca publicou a sua obra mais radical, que expunha a orientação científica moderna sem qualquer compromisso, as *Regulae ad directionem ingenii.* Só foi impressa em 1700. Em compensação, expôs publicamente a sua filosofia em *Meditationes de prima philosophia,* se bem que em controvérsia com a grande herança da ciência filosófica aristotélica-escolástica no seu todo. Esta tarefa conciliadora entre o saber tradicional da metafísica e o espírito investigador da era moderna é ainda mais clara em Leibniz, o qual, após uma entusiástica dedicação inicial às novas ciências de cunho cartesiano, discerne, for fim, a indispensabilidade das formas substanciais de Aristóteles, embora naquela nova interpretação característica do conceito de força, que já mencionei.

Desde então, a filosofia utilizou um conceito que todos, naturalmente, com ela associamos e que expressa com exactidão esta tarefa conciliadora. Refiro-me ao conceito de sistema. «Sistema da filosofia», «Novo sistema» – são palavras que só foram possíveis no século XVII. Existia, decerto, há muito um *systema mundi* que tinha a tarefa de comparar e distinguir entre o grande sistema do mundo da astronomia ptolomaica e o novo sistema cosmológico da astronomia de Copérnico. «Sistema», porém, não expressava aqui um organismo científico, mas uma existência objectiva, a existência conjunta dos fenómenos na sua aparência diversa. O grande contributo da astronomia antiga foi explicar a relação do ciclo regular dos fenómenos celestes com os movimentos circulares e irregulares dos planetas. Este foi o primeiro «sistema»: juntar o que é aparentemente incompatível. Até hoje, a filosofia, quando faz valer a sua pretensão sistemática, conserva algo que evoca esta tarefa de unir o que parece incompatível, a saber: a ciência moderna e o saber da tradição aristotélica-escolástica. O elemento da tradição, que também a ciência moderna traz consigo, experimenta uma redução cada vez maior na saga do progresso científico. Seria muito interessante, e creio que essa é uma tarefa da investigação, analisar o facto de que, na primeira metade do século XIX, foram os conceitos aristotélicos e, afinal, tradicionais, que deram às grandes descobertas do mesmo século a articulação e a possibilidade de expressão conceptual. Recordarei apenas um dos exemplos mais compreensíveis, para nós leigos, deste elemento tradicional: refiro-me à insistência no conceito intuitivo, que dificulta tanto à física de hoje impor-se à consciência geral, pois já não consegue corresponder à exigência de concreção. Mas na área das chamadas ciências do espírito aconteceu o mesmo que na evolução das ciências naturais. Elas podiam, certamente, como o tentou fazer a metodologia do kantismo na sua aplicação às ciências do espírito, empreender o *seu* procedimento metódico *e* crítico, quer dizer, a construção do seu objecto, o facto e o contexto históricos, de um modo semelhante à prática, *mutatis mutandis*, das ciências naturais. Mas quando nos perguntamos sobre o que faz efectivamente a ciência do século XIX com os seus métodos históricos e críticos, como aplica a nova metodologia à ciência do homem e da sociedade, é preciso reconhecer que tal acontece só numa escala muito exígua. A força normativa de regras antigas, cristãs, cortesãs e nacionais, cedeu só com muita renitência e com grande hesitação o lugar às imensas possibilidades oferecidas pela nova sensibilidade científica e pela nova metodologia.

Isto expressa-se na filosofia daquele tempo, a qual se dissolvia numa espécie de tipologia histórica, porquanto reconhece como autênticas constantes da nossa realidade social os pressupostos irracionais subjacentes à sua realização objectivadora e cognitiva, sob os quais vivem os seres humanos e que, graças à sua força normativa, opõem barreiras à utilização da ciência na sociedade. Hoje reconhecemos isto com muita clareza, porque as coisas já começaram a mudar. A dissolução da figura tradicional da filosofia e do saber humano nela oculta só revelou as suas consequências no nosso século. A lei de especialização da investigação das ciências naturais fez crescer uma desconfiança, saudável na minha opinião, perante as sínteses filosóficas oferecidas com um zelo especial pelos diletantes, e a associação das ciências naturais e das ciências do espírito não significa que agora aparecerá o filósofo para tornar verosímil e convincente uma síntese global do saber. Pelo contrário: as ciências naturais modernas são determinadas, a meu ver, por algo que eu gostaria de chamar a renúncia à integração. A ciência de Newton já penetrou numa medida muito modesta, e na direcção que apontei, na consciência geral humana – não, decerto, na forma em que pensamos que, quando o Sol se põe, vamos também nós ao fundo e a Terra gira, mas antes que seguimos, primeiro, ingenuamente as aparências, a língua e a percepção humanas – o que aliás é justificado, à escala de que se trata. A ciência natural moderna é sobretudo determinada por uma renúncia à integração no que toca à sociedade. Sabe – e muito melhor do que todos os que sobre ela escrevem – quais os seus limites e, por isso, sabe também que o perigo da utilização indevida dos seus conhecimentos e das suas possibilidades aumenta pelo facto de outros, que nem sempre conhecem os limites do saber humano a partir da sua experiência na investigação, deles abusarem. Mais, muito mais, do que aquilo que se tornou presente à consciência pública através, por exemplo, da descoberta da energia atómica e das suas ameaças de destruição, trata-se de uma difusão imperceptível, e tanto mais eficaz, da fé na ciência dentro da sociedade contemporânea. Gostaria de apelidar de sonho tecnológico desta sociedade aquilo que aqui se passa por alto na fé que se tem no engenheiro social, esse grande especialista cheio de inventiva, que deve levar a cabo a formação da sociedade, tal como se constroem máquinas ou se exploram forças humanas ou naturais.

Mas formar seres humanos pressupõe, antes de mais e acima de tudo, a manipulação da opinião pública. Vivemos em medida incrível numa opinião pública e numa política de informação «cientificamente» conduzidas e manipuladas – através de institutos científicos, mas mais ainda através dos resultados mal interpretados de institutos científicos. Aqui residem, creio eu, os verdadeiros perigos que nos ameaçam por parte da ciência; num abuso que talvez seja muito mais perigoso do que a ameaça de destruição pela energia atómica. Esta última, com efeito, torna a todos patente a destruição que ela significa e, por isso, levou na política ao conhecido *stalemate* (beco sem saída), à contenção da respiração da política externa, que é hoje a lei da política mundial. O perigo que ameaça em virtude da uniformização da opinião pública por parte das autoridades, ou de quem quer que seja, na democracia de massas que se está a formar, é talvez ainda mais grave porque é imperceptível e, segundo parece, de avanço imparável. Aqui, sim, abusa-se efectivamente do poder da ciência. Creio, por exemplo, que a opinião pública é frequentemente injusta com os nossos estudantes devido à sua falta de empenhamento político – e aqui a minoria mais activa não muda nada –, porque não se reflecte que tal é consequência da nossa educação. Eis um ponto em que as ciências do espírito se podem sentir de todo solidárias com as ciências naturais: também nós, os seus praticantes, conseguimos, ou tentamos conseguir, através do ensino e da investigação, que ninguém continue a acreditar cegamente no que lê no jornal, que ninguém aceite algo sem estar comprovado, sem procurar elementos de verificação; em suma, ensinamos que, quando se pretende a ciência, é preciso desconfiar do manual. São formas em que ocorre continuamente uma correcção muito necessária da superstição científica da opinião pública. Mas há aqui um conflito. A sociedade moderna está desiludida da actividade de decidir na formação científica. Existe aqui realmente uma autêntica fronteira da ciência. Todas as nossas formas de controlo científico dos comportamentos humanos estão ameaçadas, segundo temo, pelo perigo de que aquilo a que eu chamaria, com Aristóteles, a *phronesis*, o discernimento natural e a responsabilidade do pensamento, se debilite por causa da gestão «cientificamente» organizada. Conhecemos problemas desta índole em esferas completamente triviais. Posso recordar, por exemplo, a questão relativa à regulamentação pública do trânsito e o facto de que um trânsito regulado em elevada medida por automatismos e pela força policial diminui muito mais a capacidade de reacção do condutor do que o tráfego arriscado e caótico de Paris. Este exemplo de uma esfera trivial representa algo que, segundo creio, pertence à essência da sociedade tecnificada de hoje, quer dizer, às formas normalizadoras de utilização da ciência (que é já sempre a ciência de ontem, quando se aplica) à sociedade.

Chego assim ao terceiro ponto: que significa o facto da ciência, tal como se experimenta e cultiva no círculo dos que a praticam? Se não me engano, a solidariedade da ciência assenta, em primeiro lugar, no saber acerca da respectiva restrição do conhecido e no carácter ultrapassável de todo o conhecimento científico. Nós, os investigadores, após a clamorosa ascensão da Física determinada pela disciplina básica da

Mecânica ter induzido a construções teóricas muito mais complicadas, estamos hoje mais preparados para ampliar e enriquecer o método ideal da mecânica moderna com o método ideal da Antiguidade. Este método ideal, sobretudo o de Aristóteles, dizia que cada ciência tem o seu próprio *methodos*, uma lei inerente e uma norma própria do progresso e do critério do conhecimento. Aristóteles propõe o exemplo do arquitecto – hoje, diríamos capataz ou mestre de obras: tem um conceito de linha recta ou de ângulo recto diferente do do matemático; e isto não é uma falta de capacidade e incongruência objectiva. Aristóteles fala de rigor – *akribeia* –, quando o mestre de obras está satisfeito com um certo grau de rectidão que, no entanto, não pode satisfazer o matemático. O exemplo pode aplicar-se a muitas coisas. Significa que o método ideal da ciência não pode de modo algum ser representado pela ideia de uma metodologia uniformizada e por um conceito dogmático de «exactidão». Apesar de tudo, existe uma autêntica comunidade do que chamamos ciência metódica. Consiste ela, antes de mais, como já antes sublinhei, na exigência de ver por nós mesmos. É essa, em todo o caso, a exigência do investigador das ciências naturais. Apenas as experiências [*Experimente*] verificáveis, repetíveis, susceptíveis de exame nas suas condições cognitivas, merecem em geral a elaboração teórica.

Nas ciências do espírito temos um modo, em geral desconhecido, mas nem por isso menos estrito, de exigir condições da verificabilidade dos nossos conhecimentos. Só que têm um aspecto muito diferente do usual nas ciências naturais. A melhor maneira de as indicar é através da desacreditada palavra «formação» [*Bildung*]. Esta não é a sabedoria amável que se ensina nas escolas superiores; 'formação' é uma palavra que designa a natureza orgânica. 'Formação' significa originalmente e, sobretudo, que uma evolução conduziu a uma formação, a uma forma que agora constitui aquilo que algo é. Confirmo agora: nas ciências do espírito, nas ciências do homem e da sociedade, o significado de «formação» corresponde ao significado do experimento nas ciências naturais. A experimentação decide, mas apenas quando responde a uma pergunta. Do mesmo modo, nas «ciências do espírito» só merece consideração aquilo que satisfaz a exigência da «formação» no sentido estrito que mencionei.

Se deixarmos de lado a necessidade que é própria dos acontecimentos naturais que seguem a lei natural matematicamente conhecida, no âmbito humano só existe uma única necessidade, e é esta: nada que tenha acontecido pode ser anulado. Nisto consiste, como expôs claramente Aristóteles, a característica específica do passado. Nem mesmo um deus pode anular o que aconteceu. Nisto consiste, num sentido específico, a experiência da realidade, quer dizer, de algo que não podemos apagar, nem mudar de sítio, nem alterar. Em pleno sonho tecnológico em que a humanidade de hoje avança e que enche sobretudo a nossa juventude de um invejável entusiasmo, a tarefa da ciência continua a ser conservar na consciência e reconhecer este granito do nosso ser, que perdura na nossa história e no qual nos tornámos irrepetíveis e irrevogáveis, perante as oníricas variabilidades do progresso técnico.

Gostaria, por isso, de encontrar a solidariedade que vincula ambos os grupos científicos não só na sua metodologia, mas sobretudo em algo que, mais do que qualquer método susceptível de se aprender e transmitir, se me impõe, pois é o seu pressuposto moral. Gostaria de chamar-lhe «disciplina». É disciplina o que devemos exercer, hora após hora, no esforço cheio de desenganos da investigação, tanto no laboratório como à mesa de trabalho; é a disciplina que a nós, investigadores, nos força à suspeita contra nós mesmos e contra as opiniões que em nós se formam, a resistir à tentação da *publicity*, a qual gostaria de divulgar os nossos conhecimentos como o último resultado da sabedoria; é a disciplina que a nós, investigadores, nos impele a nunca perder de vista as fronteiras do que sabemos, e que, no fim de contas, nos obriga a permanecer fiéis à própria história do Ocidente, o qual, com a infinda sede de querer-saber, já presente no seu começo, assumiu ao mesmo tempo a responsabilidade de defender a natureza humana, mediante o poder sempre cada vez mais fortalecido dos homens.

# «Cidadãos de Dois Mundos»

Quando se trata da ciência, é necessário reflectir sobre a Europa, sobre a unidade da Europa e sobre o seu papel no diálogo mundial em que entrámos. Por mais exactidão com que queiramos descrever a ciência e seja qual for o carácter especial da ciência do homem, é inegável que a ciência desenvolvida na Grécia é que apresenta o carácter distintivo da cultura universal procedente da Europa. Temos, sem dúvida, de reconhecer – e cada dia o reconhecemos mais – que também os Gregos puderam aprender com outras culturas, e que os Babilónios, por exemplo, realizaram progressos essenciais nos domínios das matemáticas e da astronomia, assim como os Egípcios, como de tal eram especialmente conscientes os Gregos. Mas a configuração intelectual das mais diversas tradições religiosas é que fecundou o pensamento grego através das grandes culturas da Antiguidade. Continua a ser certo, no entanto, que a forma da ciência – na acepção mais ampla possível da palavra – encontrou na Grécia o seu verdadeiro carácter, e isto numa acepção que ainda não inclui o sentido especial da moderna ciência experimental, que hoje muda o mundo através da Europa. Devemos compreender isto em todo o seu significado. Graças à corrente científica, que impregnou o devir espiritual da Europa, surgiu uma diferenciação de formas de asserção e de pensamento como jamais existiu em qualquer outra vida cultural da humanidade. Refiro-me ao facto de que a ciência e a filosofia formam uma figura autónoma do espírito, que se destaca da religião e da poesia. Separou, inclusive, a religião e a poesia uma da outra, e atribuiu à arte uma forma de verdade própria, ainda que precária. O facto, como tal, é de todos conhecido. Vemo-nos de todo impotentes quando queremos classificar, por exemplo, a sabedoria da Ásia Oriental com os nossos conceitos de filosofia, ciência, religião, arte e poesia. É inegável que o espírito universal tomou, pela primeira vez, na Grécia a direcção que conduziu a estas distinções. Podemos chamar ao que ali sucedeu, e que configurou a história do Ocidente, «Iluminismo» num sentido muito amplo, Iluminismo através da ciência.

Que significa aqui ciência? Talvez a irrupção da ciência na Grécia, por um lado, e a emergência da cultura científica da época moderna, por outro, revelem, apesar de toda a continuidade da história ocidental, uma diferença tão profunda que também afecta o conceito de Iluminismo na sua unidade de sentido. Com esta questão, tocamos hoje num tema aberto e controverso da nossa própria autocompreensão. Se não me engano, isto teve também a sua consequência para as implicações filosóficas que Lévinas desenvolveu a partir do conceito de *savoir*. Quando o *savoir* de Lévinas se opõe à transcendência do Outro, traça-se uma fronteira do tema muito diferente da que surge no seio da história científica do Ocidente. Tenho até a impressão de que, precisamente nas formações e transformações da ciência que se operaram na história ocidental, a transcendência do Outro desempenhou um papel determinante e que não representa só um «além» de toda a ciência e da sua «imanência». O Deus «totalmente Outro», o Outro dos Outros, o mais Próximo, aquele Outro da natureza encerrada em si mesma – nenhum se rende ao nosso *savoir*. Tal já se depreende do facto de que o conceito de filosofia e a sua relação com o conceito de ciência percorreram uma história própria. Originalmente, não corresponde em absoluto ao sentido literal que hoje associamos ao conceito de filosofia. Como se sabe, a palavra grega *philosophia* significa a substância de toda a paixão teórica, de toda a entrega ao conhecimento puro sem ter em conta a utilidade ou o proveito que dele se possa extrair. Platão foi o primeiro a dar um novo acento à palavra. Para ele, *philosophia* não significa «saber», mas a aspiração ao saber, o anelo da *sophia*, da sabedoria, da posse da verdade apenas reservada aos deuses. No contraste entre a sabedoria humana e a divina há um motivo que, na história da ciência da era moderna, adquiriu um novo significado determinante. Tal indica o carácter problemático da cientificidade da filosofia. No uso linguístico da Antiguidade e na sua sobrevivência não se inscreveu realmente o significado platónico segundo o qual a *philosophia* era uma simples aspiração à verdade. Só com a emergência das modernas ciências experimentais é que adquiriu nova virulência a cunhagem platónica da palavra, que experimentou assim ao mesmo tempo uma deslocação de sentido. Tornou-se tão difícil como necessário definir o direito da filosofia frente à ciência da época moderna, do mesmo modo que fora necessário fazê-lo perante a pretensão ao saber da 'Sofística' grega. As relações mútuas entre a filosofia e a ciência são, desde então, um problema da própria filosofia que necessita sempre de ser repensado.

Destas observações histórico-linguísticas podemos tirar a conclusão de que a língua e a sua formulação da experiência universal têm um papel muito central na nossa pergunta acerca da unidade e da diferença da «ciência». Para os Gregos, a língua é, em primeiro lugar, o que nela se diz, *logos* enquanto *tá legómena*. A este respeito, a língua não é o sistema de signos estudado pela nossa linguística ou discutido pela nossa filosofia da linguagem como campo problemático. O conceito de *logos* é, antes, o conjunto dos conhecimentos do homem expressos na linguagem e transmitidos de forma verbal; semelhante conceito de *logos* é que define também, desde o princípio, o conceito grego de ciência. Poder pronunciar discursos, poder prestar contas, fundamentar e demonstrar – tudo isto está implícito na «lógica» e na «dialéctica» dos Gregos. A expressão principal, por eles utilizada, para as ciências era *tá mathémata*: o que se pode ensinar e aprender, e isto implica que a experiência não constituía uma ajuda, nem sequer era indispensável. Neste sentido, a matemática é para os Gregos a figura exemplar de «ciência», e isto num sentido que é essencialmente diferente do papel que a matemática desempenha para o conceito de ciência da investigação moderna. A exemplaridade da matemática na ciência grega significa, e não em último lugar, o ideal da transmissão verbal e, portanto, que a possibilidade de ensino e de aprendizagem está inseparavelmente ligada ao conhecimento,

Aproximamo-nos, com muito respeito pela linguagem, da questão que nos ocupa. O percurso do conhecimento da natureza no nosso círculo cultural é uma história fascinante; a língua tem nele, decerto, uma importância fundamental para toda a história interna do nosso pensamento. Com a integração na estrutura específica das línguas indo-europeias, o pensamento grego desenvolveu, num longo caminho de clarificação, um conceito de 'substância' e, em relação com ele, um conceito de tudo quanto à substância incumbe. A estrutura predicativa do juízo descreve claramente não só a forma lógica da frase, mas também a concebível articulação da realidade. Tal não é evidente. Na essência da linguagem há, primeiro, o enigmático milagre do nome e do significado do nome. Isto deve preceder toda a estrutura particular das línguas e famílias linguísticas e representa, até hoje, um elemento da nossa autocompreensão linguística. Palavra e coisa parecem, ao princípio, inseparavelmente unidas. Para todo o falante as línguas estrangeiras, em que a mesma coisa se diz e soa de outra maneira, são inquietantes e, no primeiro momento, quase incríveis. Uma família linguística como a nossa, tão baseada na sua própria gramática na relação do verbo com o substantivo, do predicado com o sujeito, estava de certo modo predisposta para a dissolução da unidade de palavra e coisa – e assim para a «ciência». Que o *ónoma* seja apenas o nome que se «dá» a uma coisa ou pessoa é uma ideia revolucionária que encontramos, pela primeira vez, em Parménides: *«tói pant' ónom(a) éstai óssa brotói katéthento pepoithótes einai alethé»* («Por isso, tudo o que os mortais estabeleceram na sua língua, convencidos de que é verdade, são meras palavras», versão de Diels/Kranz, Fragmentos dos Pré-Socráticos, 8. 38). Que um ente tenha nomes variáveis, que a mesma coisa receba predicados diferentes, pressupõe uma compreensão do ser em vista da qual os Gregos interpretaram as suas grandes realizações cognitivas. Foi, por assim dizer, a pressão excessiva do conceito de sujeito como base permanente de diferentes predicados e de conteúdos proposicionais o que marcou o conceito de ciência no pensamento grego. Esta cunhagem contém, face à experiência mutável, uma pretensão de verdade que exclui a do conhecimento autêntico. Só a partir daquilo que foi sempre como é, e do que a partir dele se pode saber, sem ver nem experimentar nada de novo, é que pode haver ciência em sentido genuíno. As simples regularidades que se podem elaborar nas modificações da experiência só são reconhecíveis num sentido muito débil, e o que só uma vez foi concreto nunca pode ser «sabido» no mesmo sentido que as verdades matemáticas ou lógicas. Por isso, Platão expressou a contingência do real apenas de forma mítica e Aristóteles fez a transposição destas metáforas para a «física» só como uma doutrina das formas do real. A sua «física» é morfologia.

Se isto se tiver em conta, a irrupção das modernas ciências experimentais no século XVII é um acontecimento que determina a totalidade do conceito de saber e desloca assim também a posição da filosofia e a sua pretensão omni-englobante para uma nova problematicidade. O novo ideal do método e da objectividade do conhecimento por ele garantida desaloja, por assim dizer, a ciência do contexto docente e vital do saber linguística e socialmente partilhado e introduz deste modo uma nova tensão naquilo que significa o saber e a experiência do homem. Doravante, a matemática já não é tanto o modelo das ciências, como acontecia entre os Gregos, quanto o verdadeiro cerne do nosso saber acerca do próprio mundo da experiência. Para os Gregos, é evidente que «experiência» não é «saber» – apesar de a experiência ser a base sobre a qual se forma os *lógoi* e as *doxai* que se afirmam como saber, e ser igualmente imprescindível para a aplicação prática do saber. Em compensação, para o pensamento moderno, é evidente que o saber e a ciência têm de se verificar nos factos da experiência. O conhecimento que é verdadeiramente o «saber» só pode alcançar-se com a aplicação da matemática à experiência e deve precaver-se das representações sugeridas pela convenção linguística, os *idola fori*. E, no entanto, existe uma rica herança do saber humano, que nos chegou do nosso passado histórico e – qual outra metade da verdade – nos fala e se nos impõe como o que, ao longo da história, foi objecto de prova, de fé e esperança.

Só posso, por conseguinte, ver a unidade da nossa cultura do ponto de vista de que a irrupção das ciências experimentais modernas no século XVII é o acontecimento com que começou a dissolver-se a figura do saber geral, da filosofia ou *philosophia* no sentido amplo da palavra. A própria filosofia transformou-se num empreendimento problemático. O que poderá ainda ser a filosofia ao lado das ciências, após o nascimento da ciência natural moderna e da sua elaboração enciclopédica nos séculos XVII e XVIII, é a questão com que se defronta toda a filosofia da época moderna. Nos meus trabalhos, assinalei reiteradamente de que modo se introduziu, a partir desta situação precária, o conceito de «sistema» na linguagem da filosofia. A palavra é, naturalmente, mais antiga, é grego genuíno. Significa uma espécie de estrutura no sentido de consistência do diverso. Mas, como conceito, apurou-se para a formulação da tarefa de juntar numa relação intelectual harmoniosa o que é incompatível e inconciliável. Surgiu assim o conceito astronómico de sistema do mundo, desde que a astronomia antiga se viu diante da exigência platónica de explicar, a partir do pressuposto da circularidade dos movimentos celestes, as órbitas irregulares dos planetas. Na época moderna, para utilizar a mesma imagem, tratava-se de relacionar em tentativas de equilíbrio sempre novas o sistema planetário das modernas ciências experimentais com o ponto central de todo o saber tradicional, que se chamava filosofia. A palavra «sistema» incorporou-se assim, em finais do século XVII, no uso linguístico da filosofia para designar o ajustamento da nova ciência com a antiga metafísica. A última grande tentativa de semelhante mediação, digna de ser levada a sério, foi a tentativa do idealismo alemão para integrar as ciências experimentais na herança da metafísica, a partir do novo ponto de vista da filosofia transcendental – um último e breve empreendimento, face a uma tarefa insolúvel.

Se é assim, a caracterização da civilização europeia através da ciência não só significa uma distinção, mas também trouxe ao mesmo tempo ao mundo moderno uma tensão de grande alcance. Por um lado, foi a transmissão da nossa cultura que nos formou, e esta formação determina, na sua estrutura linguístico-conceptual baseada na dialéctica e na metafísica gregas, a nossa autocompreensão. Por outro, as modernas ciências experimentais transformaram o nosso mundo e toda a nossa compreensão do Universo. Ambas as coisas são paralelas.

De facto, a importância histórica de Kant reside em ter fundamentado de novo as duas. Reconheceu as fronteiras da razão pura, demonstrou a sua limitação à experiência possível e, ao mesmo tempo, justificou a autonomia da razão prática. A restrição do uso das categorias, sobretudo a de causalidade, aos fenómenos apreensíveis pela experiência significa, por um lado, a plena justificação da investigação científica dos fenómenos – inclusive, quando se trata da vida ou do mundo sócio-histórico. Mas, por outro lado, a limitação da causalidade à experiência é ao mesmo tempo a justificação da razão prática, desde que a sua «causalidade de liberdade» não contradiga a razão teórica. O feito de Kant ao fundar o primado da razão prática foi, depois, tão ampliado pelo idealismo alemão que confere o seu estatuto ao conceito de espírito e a todas as suas objectivações na economia, na sociedade, no direito e no Estado. Estas objectivações não são apenas fenómenos e, por isso, «objecto» da ciência; são sempre e simultaneamente factos inteligíveis da liberdade, *e* isto significa que se pode participar da sua verdade de outro modo.

Isto retoma, decerto, uma tradição que, enquanto distinção entre filosofia teórica e prática, remonta a Aristóteles, mas que recebeu outro carácter com o advento da ciência moderna. A distinção kantiana entre razão teórica e prática levou a uma consequência teórico-científica, à distinção entre «conceitos da natureza» *e* «conceitos da liberdade», que foi conhecida no âmbito linguístico alemão como dualismo das ciências naturais e ciências do espírito. Semelhante distinção não tem noutros países uma correspondência exacta, uma vez que conceitos como *lettres* ou *literary criticism* não subsumem sob o conceito de ciência certas partes das ciências do espírito. Foi a viragem «teórico-cognoscitiva» do neokantismo que, na Alemanha e na dependência do conceito hegeliano de espírito e na recusa do seu apriorismo especulativo, estendeu o conceito da experiência e das ciências experimentais às ciências histórico-filológicas. Isto culminou, por exemplo, na teoria dos valores do neokantismo do Sudoeste alemão que, mais tarde, serviu também de base às ciências sociais. Nesta extensão às «ciências da cultura» se deteve o facto da ciência em que o «objecto do conhecimento» encontrou a sua única e plena definição.

No nosso século, a filosofia começou a questionar-se para lá do facto das ciências e da sua fundamentação gnoseológica.

Na Alemanha, tal passo foi dado através do movimento fenomenológico. Com a viragem «para as próprias coisas» [*zu den Sachen selbst*], introduzida por Husserl, já não era só o conhecimento da ciência, cujos pressupostos aprioristicos a filosofia tinha de provar, mas também os fenómenos do «mundo da vida» [*Lebenswelt*] que estavam em jogo. Foi assim que Husserl, mais tarde, apelidou a dimensão experiencial pré-científica, à qual a sua investigação fenomenológica foi buscar a sua viragem descritiva. Quando, mais tarde, Husserl se abriu tanto à problemática do «mundo da vida» que reconheceu uma multiplicidade de mundos vitais, cujas estruturas profundas condicionam todas as nossas formas de concepção da realidade, o seu interesse pessoal era, sem dúvida, o interesse gnoseológico e neokantiano de justificar uma fundamentação última e incontestável face à objecção da relatividade destes mundos vitais. A fundamentação derradeira consiste em que o ego transcendental, esse ponto zero da subjectividade, deve fundar *toda* a validade «objectiva» – por conseguinte, também a relatividade dos mundos vitais, implantada no próprio «*eidos*» de mundo da vida.

Mas o paradoxo da relatividade do mundo vital é que podemos ter consciência dela e, portanto, das fronteiras do próprio mundo da vida, mas jamais podemos ultrapassá-las. A nossa historicidade é constituída por modelos inapreensíveis de conhecimentos possíveis, dados previamente a toda a «objectividade» do conhecimento ou do comportamento – e isto significa que falar aqui do sujeito puro, ainda que seja o simples pólo do Eu do ego transcendental, perde todo o sentido. A relatividade do mundo da vida não é, pois, uma fronteira da objectivabilidade, mas antes uma condição positiva para o tipo de objectividade, que é acessível no horizonte do mundo da vida.

Se e de que modo a pretensão da filosofia de ser uma ciência rigorosa se poderá justificar enquanto apresenta o *eidos* de mundo da vida, o *a priori* do horizonte, a dimensão eidética, «fundando» assim a sua função através da evidência apodítica do ego transcendental, é um dos problemas abertos que Husserl deixou à investigação fenomenológica. O radical questionamento de Heidegger sobre o sentido do ser, que ele demandou no horizonte do tempo, inseriu-se aqui, e eu mesmo tentei esclarecer um pouco mais, a partir de Heidegger, a constituição hermenêutica fundamental do «mundo da vida». Parece-me evidente que a pertença do «intérprete» ao contexto significativo que ele tenta compreender obriga a pensar o sentido de objectividade de modo diferente do que acontece nas ciências naturais.

Não pode, pois, elucidar-me aqui uma correspondência com a física. O facto de a física atómica do nosso século ter esbarrado em limites desde que se demonstrou que a ideia de um «observador absoluto» é insustentável, porque a operação de medida, no âmbito atómico, significa sempre uma intervenção alteradora no sistema, modificou certamente o conceito fundamental da física clássica. Tal, porém, não afecta em nada o sentido de conhecimento objectivo e de ciência. Esta soube determinar a pertença do observador ao observado na exactidão matemática das equações. A física contemporânea parece-me, por isso, a continuação consequente da física de Galileu, que se funda nas matemáticas e elabora matematicamente as medições. As fronteiras conhecidas da objectividade são, na realidade, novos resultados objectivos alcançados graças aos esforços da investigação moderna. O facto de ter de renunciar a certos pressupostos da física clássica como duvidosos empréstimos do «mundo da vida», por exemplo, a «concreção» e a determinabilidade de todas as «consequências» mediante estados anteriores, não impede que seja a mesma física matemática.

Creio que acontece algo de semelhante com as consequências que hoje tiramos da teoria da evolução para a gnoseologia e a teoria da ciência. Para a abordagem filosófica, não causa surpresa alguma que, na ampla perspectiva em que a teoria geral da evolução descreve a «história» do nosso Universo, também a ciência e o seu desenvolvimento conservem o seu lugar. A pertença do ser humano ao seu mundo pode entender-se, a partir de ambos os lados, como resultado da evolução, como uma reedição da doutrina das «ideias inatas», correspondente aos recentes conhecimentos cosmológicos. A «sua realidade objectiva», que era o objecto da pergunta kantiana, encontra-se, por assim dizer, previamente diluída. Entretanto, a investigação fenomenológica, sobretudo na doutrina da intencionalidade da consciência, superou o carácter artificial da doutrina das duas substâncias do cartesianismo. Por isso, já Scheler caracteriza a prioridade da autoconsciência e a separação de sujeito e objecto como um problema residual metafísico, e Heidegger viu aí o lastro subsequente da ontologia grega do «que está diante e presente», cujos conceitos definem a autocompreensão filosófica da ciência moderna. A teoria da evolução assemelha-se nisto a uma nova prova «física» do idealismo, em todo o caso dotada de uma base empírica melhor do que a proporcionada pela filosofia natural de Schelling.

Em princípio, a tentativa teórico-evolucionista, como todas as tentativas de «conciliação» entre as ciências naturais e as «ciências morais», continua a ser uma questão extremamente discutível, que não me parece menos duvidosa do que, no seu tempo, a física especulativa do idealismo alemão. Nem as extensões do apriorismo kantiano para lá dos limites da «ciência natural pura» por obra dos neokantianos, nem a nova interpretação das ciências experimentais modernas podem anular a concepção fundamental de Kant: *somos cidadãos de dois mundos*. Estamos, não só do ponto de vista sensível, mas também «supra-sensível», destinados à liberdade – embora estes conceitos da tradição platónica só designem a posição dos problemas, e não possam fornecer a solução da tarefa proposta com o primado da razão prática. Enquanto o facto da liberdade se deve pensar, com Kant, como um facto da razão, a teoria da evolução inscreve-se no âmbito da razão «teórica» e das ciências experimentais. A liberdade, pelo contrário, não é objecto da experiência, antes o pressuposto da razão prática. Ora, poder-se-ia objectar que a pluralidade e a relatividade dos mundos vitais, que, como tais, são objecto da experiência e estão relacionados com a distinção da natureza humana própria de seres racionais, deveriam suscitar o «fantasma do relativismo». Mas não se pode fugir à limitação de todo o mundo da vida humano. A nossa tarefa continua a ser classificar e ordenar os conhecimentos teóricos e as possibilidades técnicas do homem na sua «práxis»; não consiste em absoluto em dar ao próprio mundo da vida, que é precisamente o mundo da práxis, a forma de um constitutivo técnico baseado na teoria. Pergunta-se, pois, se não teremos de aprender algo justamente da herança grega do nosso pensamento, o qual nos legou a «ciência», mas uma ciência que permaneceu inserida nas condições do mundo vital humano e no conceito condutor do seu pensamento, na natureza [*Physis*].

A dialéctica de Platão parece-me ganhar aqui uma nova exemplaridade. Despertar no nosso pensamento o que já reside, de facto, na nossa experiência do mundo da vida e no seu armazenamento linguístico foi compreendido por Platão como a tarefa da filosofia e, por isso, chamou reconhecimento a todo o conhecimento. O reconhecimento não é, porém, a mera repetição de um conhecimento, antes «experiência» no sentido mais verdadeiro da palavra, viagem em cuja meta o conhecido se conjunge com novo conhecimento em prol de um saber permanente. Para avaliar isto em todo o seu alcance, devemos recorrer à ideia da filosofia prática e ao conceito de práxis, como eles se constituíram antes de cair na dependência de uma ciência teórica e da sua utilização, que hoje apelidamos de ciência aplicada. Temos, por isso, de perguntar uma vez mais: que é a prática, que significa a prática? Há que aprender aqui com Aristóteles: o conceito de práxis não se forma nele contra a «theoria», antes contra o «espírito artificial» do produzir. Aristóteles elaborou a diferença entre *téchne,* o saber que guia o poder-fazer, e a *phrónesis,* o saber que guia a práxis. A distinção não significa em absoluto uma separação, mas uma ordenação, ou seja, a inserção e a subordinação da *téchne* e do seu poder à *phrónesis e* à sua práxis. Afigura-se-me, pois, perigoso que, ao estilo moderno, a filosofia prática vá desembocar nas teorias da acção. Claro que a acção é a actividade introduzida em virtude de uma decisão moral, de uma *prohairesis,* parte integrante da prática. Mas, na acção, dever-se-ia pensar pelo menos na multiplicidade de mãos, quer dizer, em todo o complicado sistema de acção e contra-acção, de acto e paixão. Só assim se evitam os preconceitos do subjectivismo moderno e não nos enredamos na síntese, certamente genial, mediante a qual Hegel elaborou uma saída da filosofia da autoconsciência e da subjectividade. No que diz respeito à doutrina do espírito objectivo e do espírito absoluto, ela continua a ser um passo importante mais além da estreiteza da fundamentação kantiana da filosofia moral no conceito de dever e do dever-ser. Mas dará ela o passo atrás, que deveria efectivamente dar, o passo atrás em direcção à demanda grega do bem e da filosofia prática, que se edifica sobre a experiência da práxis humana e das suas *aretai*, as suas «excelências»?

A filosofia prática não é a aplicação da teoria à práxis, como sempre fazemos de modo natural no âmbito de toda a acção prática; brota antes da experiência da própria práxis, em virtude da razão e da sensatez a ela inerentes. Práxis não significa precisamente agir segundo as regras e a aplicação do saber, mas a situação inteiramente originária do homem no seu ambiente natural e social. Na Grécia, para terminar as cartas, usava-se a fórmula *eu práttein,* que podemos traduzir por «Passa bem!». Em algumas regiões da Alemanha diz-se também: «felicidades!» «Felicidades» aqui não se refere a um facto em concreto, mas a toda a situação vital daquele a quem se dirige este amistoso desejo. Neste olhar à práxis descortina-se uma solidariedade primária de todos os que convivem.

Que pode significar para nós esta evocação do sentido amplo de práxis, tal como foi desenvolvido pela reflexão grega? Ninguém duvida de que a imediatidade dos préstimos recíprocos, que, na cidade-Estado grega, era a base da actividade política de todos os cidadãos, persiste, na civilização actual, e sobretudo perante a comunicação universal por meios técnicos, em medidas e formas muito diferentes e contém, portanto, tarefas e problemas novos. Parece-me, todavia, que aquilo que o pensamento grego nos oferece não é uma regressão romântica, mas uma recordação de algo vigente. Pois a relação entre o poder-fazer e o ter-por-bom fazê-lo não é um facto novo da civilização técnica moderna. O mundo grego defrontou este mesmo problema e a pergunta socrática aponta exactamente para esta situação. Confirma o direito de todo o estado de coisas dentro dos seus limites e revela em seguida a sua incompetência em relação ao que é verdadeiramente bom. Não se diga que eram outros tempos e que na moderna civilização técnica, baseada na ciência, o automatismo dos meios se impôs definitivamente à liberdade humana de escolha e à faculdade de escolher o bem e que, portanto, tudo depende do poder baseado na ciência. É um falso pressuposto. Como se alguma vez tivesse sido fácil, em relação às possibilidades calculadoras do poder, subordinar-se aos fins fixados pela política e pela razão política. Tão-pouco foi uma tarefa fácil, no mundo antigo, limitar os abusos de poder das autoridades políticas, mediante disposições estatais racionais. Sobre isto ensina-nos muito a utopia estatal de Platão, mas também a experiência da nossa moderna democracia de massas, que sempre reconheceu e praticou o princípio da separação de poderes como a forma mais efectiva do controlo do poder. A «natureza» dos homens não muda. O abuso de poder é o problema originário da convivência humana e a total eliminação deste abuso só é possível na utopia.

Platão sabia-o muito bem e, por isso, contrapôs o seu «Estado da educação» ao Estado da política. Aqui aparece a última comunidade dos homens que torna possível a vida estatal e urbana na utopia de uma ordem que renuncia a todo o individualismo.

É claro que o Estado moderno não pode corresponder bem à antiga cidade-Estado e às suas formas de vida. E, no entanto, ambos se fundam na mesma premissa básica. Gostaria de lhe chamar a premissa da solidariedade. Refiro-me à comunidade de que emanam decisões que todos consideram válidas e a todos atinentes, só no âmbito da vida moral, social e política. Para os Gregos, esta concepção era indiscutivelmente evidente e sedimentou-se até no uso linguístico. O conceito grego para amigo é que articulava toda a vida da sociedade. De acordo com a velha herança pitagórica do pensamento grego, entre amigos tudo é comum. Aqui se encontra expresso, no extremo do ideal, o pressuposto tácito sob o qual apenas pode existir algo como a regulamentação não violenta da convivência humana, uma ordem legal. A eficiência dos modernos ordenamentos jurídicos depende ainda do mesmo pressuposto, como é fácil de demonstrar. Ninguém considerará uma representação romântica da amizade e do amor universal ao próximo como a base sustentadora da antiga pólis ou do grande Estado técnico moderno. No entanto, tenho a impressão de que os pressupostos decisivos para a solução dos problemas vitais do mundo contemporâneo não são diferentes dos formulados na experiência do pensamento grego. Em todo o caso, o progresso da ciência e a sua aplicação racional à vida social não criará uma situação tão inteiramente distinta que não necessite da «amizade», quer dizer, de uma solidariedade sustentadora que é a única que torna possível a estrutura ordenadora da convivência humana. Seria certamente um erro crer que se pode renovar um pensamento passado num mundo diferente. Trata-se antes de o utilizar como correctivo e de reconhecer as estreitezas da subjectividade e do voluntarismo modernos.

Não são erros do homem, da ciência ou cometidos através da ciência, mas estabeleceram-se na civilização moderna graças às superstições científicas. Creio que, neste sentido, o grande monólogo que as próprias ciências poderiam oferecer na sua perfeição ideal deve ainda permanecer sempre enraizado na mutualidade comunicativa em que, como seres humanos, nos encontramos. Parece-me, pois, válido para a ciência do homem que o conceito moderno de ciência metódica se mantenha com todo o rigor das suas exigências; mas devemos reconhecer e aprender os seus limites, refazer o nosso poder sapiente em saber circunspecto que se alimente da tradição cultural da humanidade. Eis algo que deveríamos ter sempre em conta justamente no fomento das ciências do homem.

Também no outro e no de outra espécie se pode levar a cabo uma espécie de auto-encontro. Mais urgente do que nunca é, no entanto, a tarefa de aprender a reconhecer o comum no outro e na diferença. No nosso mundo cada vez mais próximo, há culturas, religiões, costumes e escalas de valores profundamente diversas. Seria uma ilusão pensar que só um sistema racional de utilidades, uma espécie de religião da economia mundial, poderia, por assim dizer, regular a convivência humana neste planeta cada vez mais estreito. A ciência do homem sabe que a este se exige cada vez mais uma virtude política, tal como a ciência desde sempre exigiu a virtude humana. O mesmo acontece em relação à pluralidade de línguas. Também aqui, no âmbito da actividade pensante da nossa existência, nos confrontamos com a multiplicidade de outras línguas e não devemos crer que a nossa tarefa e o nosso privilégio é impor aos outros as problematizações que brotam da nossa experiência vital e se encontram sedimentadas na nossa experiência linguística. Também aqui, devemos tomar sob a nossa protecção, mesmo no pensar em conceitos, o diálogo entre as línguas e entre as possibilidades de compreensão ínsitas em todas as línguas. A ciência do homem em toda a sua diversidade tornar-se-á para todos nós uma tarefa moral e filosófica.

## Os Fundamentos Antropológicos da Liberdade do Homem

Em que se funda a dominação? Toda a natureza conhece formas de dominação, e decerto também lutas entre rivais, que determinam um ordenamento da conduta – é a simples ordem da bicada. Não sabemos como era a humanidade na pré-história e alvores da história, como se ordenavam as hordas e se comportavam umas frente a outras. Mas com a palavra «horda» já admitimos a falta de ordem nessa sociedade – ou o ataque destruidor de formações sociais –, dando assim por pressuposta uma convivência em formas de vida. Cavernas, covis, ninhos, no caso dos seres humanos casas, sedentarismo, talvez ainda antes do início da agricultura, parecem representar o enquadramento da convivência dentro de uma ordem. Os sábios gregos designavam tanto a do animal como a do homem com a mesma palavra *ethos,* que não tem uma conotação moral, mas descritiva. Gostaríamos de saber se o enterro dos mortos se introduziu com a passagem ao sedentarismo ou talvez mesmo antes. Em todo o caso, trata-se de um passo decisivo para a humanização do homem, porque significa uma superação da mera autopreservação, que é o objectivo natural de todos os seres vivos. Esta superação é o que chamamos transcendência. Depara-se-nos então a tumba principesca e a sua decoração. É uma indicação inequívoca de algo novo, que denota uma ordem especificamente humana. Vemos aí a dominação em toda a sua dignidade, que dá testemunho da grandeza formada na convivência dos seres humanos. Não é como o caso do animal que guia um rebanho ou um grupo, que emerge na sua função e com ela desaparece. Aqui está o soberano como tal, reconhecido por todos como soberano, que será venerado mesmo depois da sua morte. Parece que onde há uma sociedade de homens, não só temos uma dominação, mas uma dominação que recebe a aprovação unânime e um reconhecimento duradouro.

A sociedade humana situa-se assim num espaço público totalmente novo. Não podemos indicar nenhum conteúdo especial que caracterize tal espaço. Será o espaço do livre reconhecimento? É, pelo contrário, o espaço em que o soberano manda nos seus súbditos que, por isso, são criados, servidores ou escravos. É ao mesmo tempo o âmbito em que o conhecimento da morte afecta também o soberano, que talvez mande erigir o seu próprio monumento fúnebre. Em todo o caso, é um espaço conformado por sólidas formas de vida e ordenamentos culturais. Dominação e reconhecimento, saber da morte e vida com semelhante saber, eis o fundamento antropológico da liberdade, que é não só a dos soberanos, mas também do homem enquanto tal.

Assim viu Hegel a dialéctica da dominação e servidão na origem da sociedade humana e descreveu-a como uma luta pelo reconhecimento. Só pode ser senhor aquele que os outros reconhecem como tal. Mas também só pode chamar-se senhor quem não depende de ninguém, nem sequer das pulsões que o dominam, nem ainda da angústia da morte, à qual Hegel chama o senhor absoluto. A liberdade tem, pois, a ver com o facto de que o homem consegue ultrapassar o círculo da autoconservação que a natureza traçou em torno da vida das espécies e que também engloba o ser humano individual enquanto ser natural. Esta superação tem lugar inclusive na calamidade da guerra sangrenta graças à coragem, encontra-se na solidariedade do sacrifício ou como promessa religiosa ou também apenas na duração da memória.

A origem mais antiga da palavra liberdade, *eleutheria, libertas*, é bem conhecida na esfera da vida política. Apesar de toda a crítica relativa àquilo que na nossa história e no presente possam ser falsas dependências, e apesar do pavor face à regressão, que sempre ameaça os seres humanos, desde o holocausto, passando pelo despotismo e fanatismo, até ao terrorismo, a conhecida fórmula de Hegel continua a ser um enunciado verdadeiro: outrora, só um era livre, que mandava a seu bel-prazer sobre a vida e a morte – era realmente «livre»? Tratava-se do tipo oriental de dominação. Em seguida, alguns eram homens livres, os senhores de terras ou os cidadãos livres de uma sociedade municipal assente na economia esclavagista e por fim, com a aceitação da mensagem cristã, todos são livres. Isto significa de facto uma liberdade não realizada. A história da escravatura e da servidão, que acompanha muitos séculos da história do Ocidente cristão, é apenas a drástica manifestação da lonjura desta meta, que significa a liberdade de todos. No entanto, saber e sentir que o homem deveria ser livre constitui uma diferença enorme. Todas as lutas pela liberdade entre povos, raças, classes demonstram que a liberdade é o afazer do homem e da sua arte política e que, como tal, é consciente. Nas sociedades de animais conhecemos ordenações de convivência que, apesar de não carecerem de violência, são incruentas. Entre os seres humanos impõe-se, evidentemente, realizar alguns esforços para excluir da sociedade o assassinato, por exemplo, e entre os povos a guerra. Nenhuma época está, na sua consciência, cheia de tanta violência como a nossa, em que o homem adquiriu forças de destruição que em cada guerra ameaçam eliminar toda a humanidade. A história da dominação que, como vimos, é simultaneamente a história da liberdade, entrou no nosso século na fase da luta pelo domínio da terra. Agora que os povos e as culturas aprenderam a proporcionar a segurança civil e, inclusive, a evitar em certa medida a guerra civil, a humanidade depara com a nova tarefa de considerar os homens como cidadãos do mundo e de olhar toda a guerra como uma terrível guerra civil. Encontra-se igualmente perante outra nova tarefa, a de evitar a destruição do ameaçado meio natural, tarefa para a qual todos devemos contribuir se não queremos aniquilar o fundamento da nossa vida. O que pode aproximar-nos em paz e liberdade dessa meta da convivência? Que é a vida humana e que formas sociais nos podem levar até essa meta?

Dir-se-á que são formas de dominação e que, entre elas, devemos preferir as que chamamos liberais. A liberdade sob condições de dominação só pode ser uma liberdade restringida. A dominação define-se precisamente pela posse exclusiva do poder legal. Mas a liberdade só pode existir onde a dominação é restringida. Por isso, para a humanidade a pergunta foi sempre a mesma: como é possível a limitação da dominação? A doutrina da divisão dos poderes de Montesquieu, que deve haver entre a legislação, a jurisdição e o executivo, mudou o sentido fundamental da noção de Constituição e as formas de dominação que os Gregos denominavam monarquia, aristocracia e democracia. Hegel sublinhou com razão que, com a divisão de poderes, se tinha encontrado um novo princípio ordenador para a Constituição. Falamos com convicção consciente de sociedade liberal. Esta palavra cautelosa encerra a confissão de que, entre seres humanos, só se pode falar de aproximação ao objectivo de paz e liberdade. Enquanto os animais só têm de seguir infalivelmente os seus instintos naturais e, por isso, não parecem conhecer a guerra sanguinária entre congéneres, ao homem falta esta inibição natural, que a natureza implantou na estrutura da vida. Por isso se vê obrigado a evitar, mediante os seus próprios esforços, todo o tipo de autodestruição como o assassinato, o suicídio, a guerra e a guerra civil.

Por trás do princípio do moderno Estado de direito, que se baseia na divisão de poderes, podemos reconhecer toda uma escala de possíveis ordenamentos constitucionais que, a meu ver, representam efectivamente aproximações a um princípio ainda mais universal: refiro-me ao princípio do equilíbrio. Na política, conhecemo-lo como o *balance of power*, o equilíbrio do poder. A democracia parlamentar é apenas uma dessas aproximações, uma vez que nela a oposição pode sempre aceder ao governo através de uma decisão maioritária. Em si, ela é sempre apenas uma aproximação à sua própria ideia. Uma sociedade liberal consiste, em última instância, na participação de todos no exercício do poder, possível graças ao «Estado» e à convivência ordenada dos seres humanos. A utópica fábula platónica de uma cidade em que os filósofos seriam reis ou os reis filósofos agarra pela sua raiz antropológica este ideal da participação no poder. «Fazer o seu», o ideal da ordem económico-social, impõe a quem quer que tenha poder e sempre que o tenha – e quem nunca tem poder? – a obrigação humana e sobre-humana de dele não abusar em seu favor, mas para o bem de todos. Hegel reconheceu o ideal utópico de Platão como o ideal do funcionalismo do Estado moderno. Decerto com razão enquanto ideal. Mas como se realiza em semelhante ideal a participação no poder? Como burocracia perfeita? Com esta expressão não nos referiremos antes ao contrário, a um exercício do poder que exclui os outros e a sua razão – e, por vezes, toda a razão? Uma sociedade liberal dificilmente seria um mundo em que cada um seria funcionário – mesmo que cada qual cumprisse o ideal de um funcionário.

A sociedade e a democracia liberais apontam na direcção contrária. Não para uma representação abstracta do Estado, mas para uma participação concreta no geral, no que a todos é comum, na administração, na legislação, na promulgação de leis, em suma, no todo da vida social. As antiquadas palavras «comunidade» e «sentido comum» recordam este ideal e o critério aqui imanente e que já prescrevera à antiga *pólis* a sua grande moderação: uma só voz tinha de chegar ao mesmo tempo a todos os cidadãos.

Ouvimos isto com um sorriso. Os grandes Estados modernos, a sociedade de massas dos nossos dias, fazem-nos sentir até ao desespero a distância que nos separa deste ideal – que nunca se realizou plenamente. É certo que a voz estentórea, que a todos alcança, já há muito se tornou património comum de todas as sociedades de massas, juntamente com os efeitos de solidarização que, para o bem ou para o mal, em nós causa. Mas a mediação abstracta dos meios de comunicação é insuficiente, por muito que se esforcem por ser justos com todas as forças vivas da sociedade. Continuo a ser da opinião de que, apesar das proporções gigantescas dos grandes Estados hodiernos e dos seus sistemas económicos, a participação em todos os domínios da vida social é de capital importância. Ela estrutura o ordenamento da sociedade e encontra, inclusive, na unidade indefinível da «empresa», no conceito de ambiente empresarial, algo comum a todos em cuja participação encontramos o verdadeiro espírito liberal.

Não é da minha incumbência falar das inúmeras aproximações e formas mistas de ordem estatal e social que podem dirigir a moderna sociedade de massas. Todas elas exigem, decerto, limitações da liberdade a todos e, por outro lado, defendem conscientemente os espaços livres pessoais e reais de todos os perigos que ameaçam o equilíbrio da ordem – desde o ostracismo, essa criação do Estado ático para expatriar os políticos demasiado poderosos, e a autoprotecção de uma *pólis* preocupada com a liberdade, até à protecção das minorias num Estado multinacional e à protecção de dados no mundo administrado e à defesa dos direitos humanos, incluindo o direito à intimidade da pessoa perante os representantes do poder público.

Porquê propor ao homem semelhante alternativa? Aristóteles tem razão quando, como Isócrates, faz uma distinção entre os homens e as sociedades e os modos de comunicação animais através da linguagem. Aqui reside, ao fim e ao cabo, a última raiz da liberdade que faz do homem um homem: a escolha. Ele tem de escolher e sabe – sabe *dizer* – o que assim pretende fazer: escolher o melhor e, como tal, o bem, a razão e a justiça. Uma pretensão desmedida – e, no fim de contas, sobre-humana. O homem, no entanto, deve aceitá-la, porque tem de escolher.

Tal é o abismo da liberdade. O ser humano pode perder o melhor – e mais ainda: pode fazer o mal em vez do bem, pode confundir o mal com o bem, o injusto com o justo, o crime com uma boa acção. Eis o que há de verdadeiro na frase de Sócrates: ninguém pratica o mal voluntariamente.

Não quero introduzir aqui a temática cristã ou do Antigo Testamento do mal, nem o crime de Caim nem o *peccatum originale*. É suficiente o mal que está à espreita na essência do poder, o elemento terrível da ofuscação. É certo que o preço que nós, homens, temos de pagar pela liberdade é elevado. A inocência dos animais, em face e apesar da crueldade com que a natureza esbanja a vida e os seres vivos, pode inspirar--nos temor pela nossa condição humana e pelo que fazemos aos outros homens e à natureza quando sobre eles temos poder. Vemos isto com os olhos de quem escolhe conscientemente. A escolha pressupõe distância, visão das possibilidades, ponderação das possibilidades que vão além do esquema de acção do impulso e do desejo em que se movem os animais e que os acorrenta às trajectórias fixas das reacções desencadeadas pelo estímulo presente. Onde há seres humanos, há distância. Há tempo, sentido do tempo, abertura para o futuro, inclusive também na percepção do próprio fim. Dominação, poder, honra e vergonha, fruição, posse e êxito – tudo isto se encontra na afluência de possibilidades da orientação humana da vida e se insere na ordem dos círculos vitais da família, sociedade e Estado – e, muitas vezes, contra eles. No entanto, todos estes círculos vitais se alimentam da troca de palavras, do equilíbrio de interesses, bem como da estrutura de comunidades baseadas na língua. A sociedade humana eleva-se, pois, acima da lei do instante e da existência do indivíduo em si mesmo, graças à linguagem e ao acordo que ela ao mesmo tempo é e institui.

Por isso, a palavra fundamental para dominação e senhor não é tirania e tirano, mas *dominium* e *dominus*. Em latim, *domus* significa casa. O senhor da casa é simultaneamente o zelador e administrador do *oikos*. Isto vale, de igual modo, para todos os sistemas de vida em todos os grandes ordenamentos, e também para a dura vida laboral do mundo profissional hodierno. Nele não há só rivalidades, mas também solidariedades. Apercebemo-nos dos problemas da nossa sociedade industrial e da meta do espírito liberal que ela encerra quando damos ouvidos aos velhos ecos de mutualidade praticada e vivida que ressoam na família, no lar, no mercado, na vida da aldeia e da cidade, da comunidade, da Igreja e da pátria.

Não podemos subtrair-nos às brônzeas consequências introduzidas pela Revolução Industrial. Ela segue a lei pela qual, como seres necessitados, nós enveredámos. Devemos viver na consciência de uma maior responsabilidade pelo futuro e pela vida das gerações vindoiras. Quer isto dizer também que devemos procurar a harmonia, criar e conservar equilíbrios entre os grupos de interesses dos homens, e ainda entre as necessidades da humanidade e a sua dependência da manutenção da natureza.

Todas estas tarefas são de molde a que cada qual nelas participe, tanto no que se fez como no que se deixa de fazer, e em todas as consequências. O desafio que nos apresenta o mundo em mudança é considerável; evitar as guerras suicidas, proteger a natureza que nos sustenta e de que cuidamos, favorecer o bem-estar do homem, conservar e fomentar os nossos espaços de liberdade, tanto no próprio país como nas restantes nações e continentes, conservá-los e preenchê-los com as tradições que lhes são inerentes – tudo isto nos espera num mundo cada vez mais organizado e burocratizado. Ainda não podemos prever de todo o significado da era do computador. Mesmo que aprendamos a resolver os problemas ingentes que nos afligem – recebemos novas liberdades e novas dependências de um mundo cada vez mais mediatizado e, portanto, ligado, em que o mais distante se aproxima com um carregar num botão e o mais próximo está mais longe do que nunca. A antiga diligência aproximava os viajantes. A moderna circulação em automóvel isola-os. E, no entanto, a participação no comum, que é o nosso destino humano, será sempre a nossa tarefa; e hoje ela significa recordar-nos a nós e aos outros, em especial aos que pensam e escolhem de outro modo, as mutualidades inevitáveis que as tarefas futuras da humanidade para todos nós significam.

# Os Limites do Especialista

Para decidir algo sobre os limites da especialização é preciso distinguir, em primeiro lugar, entre dois conceitos. A filosofia não é, decerto, o que dela se costuma dizer, a arte profissional da subtileza ou do casuísmo, que trata sobretudo de definições artificialmente precisas – quem procura filosofar tem de ter, antes de mais, um ouvido atento à língua em que *já* se sedimentou a experiência mental de muitas gerações. Muito antes de iniciarmos as nossas tentativas de pensar. Em semelhante caso, não é, pois, superficial perguntar primeiro a quem chamamos especialista e porque o fazemos. Sabe-se logo que é uma palavra bastante nova, e indagamos a razão da sua novidade.

As palavras tentam nomear algo que, pela sua particularidade, se destacou do grande fluxo de experiências e imagens que, por assim dizer, desfilam diante da humanidade. O mesmo acontece neste caso. Houve, sem dúvida, um motivo para designar o papel do especialista com o termo *expertus*. Não significa apenas que existe alguém que realizou experiências. Esse é o sentido latino da palavra *expertus*. Não é nenhuma profissão fazer e ter feito experiências, quer dizer, ser experiente, mas transformou-se numa profissão estabelecer uma mediação entre a cultura científica dos modernos e as suas formações sociais na práxis da vida. O especialista ocupa, assim, uma posição intermédia. Não é a encarnação do cientista, nem sequer do investigador e professor. O especialista encontra-se entre a ciência, na qual deve ser competente, e a prática político-social. É assim já claro que ele não é uma instância superior para decisões últimas. A palavra alemã para designar o especialista é em geral *Gutachter* (perito). *Gutachten* é uma boa e antiga palavra alemã que, se bem me lembro, já se usava no século XVI. No entanto, é preciso ouvir bem a palavra. *Gutachten* quer dizer – e nela ressoa já – algo do que queremos dizer com *achten* (estimar) e *erachten* (considerar). Na minha opinião (*meines Erachtens*), diz alguém quando pretende insinuar: não tenho a certeza absoluta; há, pois, ainda que consultar outros. Se me perguntam, darei esta ou aquela informação. O *Gutachter* ou especialista está, ademais, sujeito aos que adoptam as decisões na vida político-social. Assim consta, de facto, no ordenamento jurídico. Um tribunal não é obrigado a considerar decisivo para a sentença o parecer do perito. O especialista é alguém a quem se consulta. Não substitui – ou melhor dizendo, não deveria substituir – quem toma as decisões.

Creio que, deste modo, fica mais claro o fundo crítico do tema. É preciso dizer, no entanto, que o especialista científico começou a desempenhar um papel suspeitosamente relevante na nossa vida social e política. Pense-se, por exemplo, no que acontece nas grandes questões judiciais, quer dizer, onde se trata de coisas realmente grandes e importantes, como nos processos entre grandes companhias petrolíferas ou indústrias do aço, ou no caso da adulteração do vinho e outros similares. Todos o vivemos. Hoje, o que mais importa é talvez contar com o apoio dos especialistas mais bem considerados. Antigamente, o verdadeiro mestre era o advogado ou, como se chamava em França, *le Maître*, quer dizer, o homem que o acusado ou o queixoso queriam ter do seu lado. Hoje, é até certo ponto o especialista a figura mais solicitada e, segundo creio, quase sempre a mais decisiva.

Ora bem, é claro que a posição entre a ciência e a investigação, por um lado, e a decisão judicial ou político-social que o especialista detém, por outro, não pode ser totalmente sem perigo nem inequívoca. A importância crescente do papel desempenhado pelo especialista na nossa sociedade é também um grave sintoma da crescente ignorância de quem toma as decisões. Isto não é por sua culpa, mas devido ao grau de complicação de toda a nossa vida administrativa e comercial, industrial e privada. A antiga visão sinóptica que o homem, com o seu são entendimento, adquire a partir das experiências da vida e em virtude das quais se concede até aos nossos dias, em certas culturas jurídicas como a inglesa, um enorme espaço discretivo, por exemplo, ao juiz na proferição da sentença, revela, entretanto, falhas frequentes. Não é por acaso que, na ordem social e jurídica em que hoje vivemos, se presta cada vez mais atenção ao especialista ou lhe seja confiada a decisão. O primeiro ponto de partida da nossa reflexão reside, pois, na nossa constatação de um certo predomínio da competência na vida político-social e temos de nos interrogar se as razões que conduziram à categoria dos «especialistas» serão de uma legitimidade tão inequívoca que tal situação se possa aprovar.

A força assertória da ciência pesa, sem dúvida, muito. Não podemos, em correspondência com a elevada consideração em que se tem a ciência e a investigação, deixar de reconhecer nos especialistas o mesmo saber crescente, nascido da investigação. Todos, no entanto, sentiremos a dúvida, justamente nesta questão, de se não será exigir demasiado à ciência atribuir-lhe o primeiro papel em tantos assuntos da vida pública e nas coisas sujeitas a decisão. E a isto junta-se um rol de questões. Por exemplo: pode não ser tão simples, quer para o investigador quer para o especialista, confrontar-se com semelhante pressão por parte da sociedade. Ele vê-se, por assim dizer, obrigado a ter a última palavra quando, na realidade, um investigador nunca sabe algo como a última palavra. Chega-se antes à discordância entre os especialistas. Em todo o caso, ser questionado assim é uma situação extremamente embaraçosa.

Sou filho de um químico que, pela sua investigação dos alcalóides, alcançou uma grande autoridade e foi, por isso, solicitado em várias ocasiões como primeiro perito em complicados processos por envenenamento. Estou plenamente convencido de que os tribunais nunca ficaram muito satisfeitos com os seus pareceres. Era um investigador genuíno e realçava sempre também tudo o que não sabemos. Mas o tribunal não quer ouvir isso, quer saber o que era provável. No entanto, há casos em que é inevitável deixar abertas algumas possibilidades. Como é natural, existem os casos claros em que se pode dizer que aquilo que o acusado ou a sua defesa afirma é impossível. Mas nos processos por envenenamento, há uma série de factores desconhecidos que em determinadas circunstâncias podem produzir os mesmos sintomas e consequências que no suposto envenenamento da acusação. O caso que aqui destaco é, em certo sentido, um caso extremo, mas instrutivo por ambos os lados, tanto por aquele que se pode qualificar de claramente sabido, como pelo outro de que não se podem excluir as possibilidades. Raramente a ciência se encontra perante uma distinção tão clara. Acontece, pois, que os limites do enunciado científico não são com frequência suficientes para a necessidade social de uma informação orientadora. Pensemos, por exemplo, na situação subsequente ao terrível desastre nuclear na Ucrânia [Chernobyl]. As consequências a longo prazo de tais acontecimentos ultrapassam a competência da ciência. Então não sabemos nada. Mas os especialistas têm de se manifestar sob a pressão da opinião pública e em face da sua justificada necessidade de informação. As pessoas querem saber quão elevado é o coeficiente de insegurança existente em todas as centrais energéticas e coisas semelhantes. Assistimos assim à luta dos especialistas neste campo. Nas primeiras semanas que se seguiram ao desastre pudemos ler e ouvir quase todos os dias uma opinião especializada sobre o problema; a maioria delas não passa de meras extrapolações sobre uma base científica insuficiente. O investigador responsável dá-lo-á a entender até certo ponto; mas não pode controlar o modo como as suas declarações são apresentadas à opinião pública.

Aos políticos também chega o seu momento. Têm de tentar evitar, por exemplo, um histerismo desnecessário. Por outro lado, devem opor resistência aos interesses comerciais e industriais que não deixam de encobrir o mais possível os verdadeiros perigos. Encontramos, pois, os especialistas num labirinto de influências face às quais têm de manifestamente se expressar, como lhes dita a sua consciência científica, mas também como lhes exige a sua consciência de cidadãos e a sua função de especialistas em semelhante caso.

Tudo o que até agora disse não foi, em rigor, uma declaração sobre os limites ou a responsabilidade da ciência. Este é um tema novo que aqui não posso calar de todo, uma vez que incide estreitamente na posição dos especialistas da nossa sociedade. Ambas as questões se vêem afectadas, como é natural, por condições muito semelhantes. O investigador e o especialista encontram-se ambos sob a pressão da sociedade. As questões que hoje desejaríamos formular à ciência são tão essenciais que nos vemos, por assim dizer, obrigados a fazer de cada cientista um perito, uma pessoa que com a superioridade dos seus conhecimentos e da sua experiência nos deve fornecer verdadeiros preceitos de acção. Para determinar a verdadeira função legítima do especialista na sociedade, requer-se uma reflexão de maior alcance. É evidente que existe uma certa tensão entre o saber e o poder em geral e a viabilidade e a correcção da utilização de tal saber e poder. Isto não é uma singularidade da cultura científica da época moderna. Pode ter a sua correspondência em todas as civilizações, como a tem, pelo menos em formas grosseiras e rudes, o princípio da divisão do trabalho. A especialização é uma tendência evolutiva tão evidente da vida profissional e social que não se necessita para ela de condições culturais especiais, desde que se atingiu o sedentarismo. É certo que não é preciso existir sempre conflito entre o sábio especializado e a pessoa não especializada que toma as decisões para a aplicação prática. No entanto, é fácil que aqui surjam conflitos. O saber e o poder do especialista, seja ele, no sentido moderno, um cientista ou, no sentido originário, um entendido do tipo do pastor, caçador ou artesão, não desempenha aqui papel algum. Trata-se, em ambos os casos, de um poder de realização ou domínio de um estado de coisas, mas tal saber e poder são então de uma índole diferente daquele saber ao qual compete decidir a utilização em vista do bem. A relação, sem dúvida, é estreita.

Aristóteles, na descrição do elemento racional de toda a decisão no agir humano, abordou no conceito de *phronesis* os dois aspectos, na sua inseparável unidade, por um lado, a racionalidade que preside à descoberta dos meios adequados para o fim desejado e, por outro, a descoberta, a consciência e a retenção do próprio fim, ou seja, a racionalidade na escolha do fim e não apenas na escolha dos meios. Sumamente duvidosa é aqui a expressão escolha do fim. Pois enquanto é correcto que, ante diversas possibilidades de alcançar um fim, se sopesem os meios mais diferentes e se acabe por escolher entre eles, já não é tão claro que o fim a que devem corresponder os meios tenha nascido de uma escolha. Na estrutura do ser social-humano intervém um determinado todo de orientações normativas facultado ao homem no processo do seu crescimento e que, afinal, o marca de tal modo que ele apenas tal considere natural e correcto, e não outra coisa. A impregnação prévia através da educação, dos costumes e da adaptação social não significa em absoluto uma renúncia completa à justificação racional e, nessa medida, há sempre um momento de escolha na limitada fixação de um fim. O que é justo para a vida recta, para a vida boa, será considerado um fim e, por isso, escolhido. É a racionalidade da razão prática, que governa o nosso agir assim como a conveniência dos meios apreendidos enquanto agimos.

Por muito plausível que seja a última inseparabilidade da inteligência prática e da racionalidade moral, o âmbito da acção prática no sentido de encontrar o meio adequado para um fim pré-determinado já aparece em todas as formas de civilização sob a dupla forma que, uma vez, designei como saber susceptível de aprendizagem, chamado *techne* pelos Gregos, e cujo domínio se torna patente na aquisição de determinada especialidade do poder-fazer. E, por outro lado, o âmbito global em que os meios práticos para um fim concreto são confiados ao juízo próprio e à subtileza do indivíduo, sem pedir ajuda a um profissional especializado. É importante estar consciente desta distinção. Só assim se compreende porque é que o especialista cai repetidas vezes na delicada situação de entrar em conflito com a pessoa que toma as decisões. Este conflito pertence, como se sabe, à estrutura básica da vida social. Todos conhecemos a demanda implacável do bem com que Sócrates se fez odiar pelos seus concidadãos. Nem os estadistas, nem os literatos, como nós diríamos, ou seja, os poetas, nem tão-pouco os artesãos conseguiram responder à pergunta sobre o bem. Isto ultrapassa a sua competência como profissionais especializados. Inclusive nas simples relações económicas artesãs é uma situação cheia de tensão, como o expressou Platão: quem determina o que se deve produzir tem a função especificadora, quem produz permanece subordinado a tal especificação. A subordinação da razão económica à razão social parece indiscutível. Mas também é incontestável que ela é impugnada e que a competência de um tenta sempre prevalecer sobre a de outro. O ideal de uma pura sociedade assistencial não só é utópico mas também necessariamente uma situação instável. Na convivência dos seres humanos lida-se sempre com a autoridade e a subordinação, portanto, com o poder. Também na cidade ideal de Platão se parte do pressuposto de que não se requer prova alguma de que as necessidades humanas jamais se limitem por si mesmas. Deste ponto de vista, compreende-se que, na moderna sociedade industrial, a relação entre produção e procura se tenha invertido, de modo que para a prosperidade de uma economia é conveniente que o produtor desperte a procura, sugerindo necessidades ao desejo humano. Assim é a vida económica moderna. Embora seja um rasgo essencial da natureza e da sociedade humanas que as necessidades aumentem sempre e aspirem à satisfação, há, todavia, uma diferença entre o sistema económico baseado na satisfação de necessidades e o que se baseia na constante excitação de necessidades novas. Aumenta assim a pressão exercida sobre o produtor e sobre a perícia dos que determinam os processos de produção. De igual modo, na sociedade moderna, o papel do especialista é determinado pela pressão particular com que a voz da ciência se deve expressar em face dos interesses e das necessidades da sociedade.

Outro motivo que, neste contexto, concerne à fronteira da ciência, não como tal mas na sua eficácia social, é o que se gosta de chamar a linguagem dos factos. É uma pretensão bem conhecida, em especial da investigação das ciências naturais, da qual costuma fazer alarde face às vagas e incertas asserções das restantes chamadas ciências, de que ela lida com *facts* (factos). Ora, todos sabem que, na realidade, o conceito de facto a que se apela implica sempre um contexto argumentativo, que não é em si simplesmente um facto, mas depende de determinados interesses e expectativas. Bem notório é a este respeito o valor propagandístico e a força de persuasão do tratamento quantitativo das relações de factos. A estatística é um dos maiores meios de propaganda, não para informação, mas para sugestão de determinadas reacções. A crítica do conceito *facto* é, pois, parte integrante de toda a cientificidade crítica. Tal não constitui, por conseguinte, a verdadeira distinção entre as ciências naturais e as ciências do espírito. É indubitável que nas ciências do espírito, por exemplo na história, é especialmente claro que não são os meros factos, mas os factos num determinado contexto significativo que cumprem efectivamente os requisitos para serem um facto. Quando Napoleão se constipou na batalha de Wagram, talvez isso tivesse importância como um facto histórico, que explica a sua derrota. Tal constipação foi, decerto, um facto; no entanto, nem todas as constipações são, neste sentido, um facto importante ao qual como tal possamos remeter-nos. O mesmo vale, *mutatis mutandis*, para os factos que se comprovam mediante a experimentação – como se esta não provocasse a sua resposta a uma determinada problematização e entrasse assim num contexto de compreensão, que é o que confere importância ao facto que se pode medir e comprovar. Estas reflexões não impugnam de modo algum que a procura de objectividade e a exclusão de todos os factores subjectivos devam ser o primeiro empenho do investigador, e que precisamente esta sua virtude de ser crítico consigo mesmo mereça a maior admiração.

É preciso, porém, reconhecer também que este autocontrolo crítico e incondicional exercido pelo investigador muitas vezes não pode satisfazer as suas necessidades de saber. Não pode sequer falar só como investigador e cientista quando as consequências práticas da sua opinião autorizada são submetidas a exame.

No fundo, porém, é inadmissível a limitação imposta aqui ao cientista ou ao especialista. Sem dúvida, a responsabilidade das consequências do saber é algo diferente da autodisciplina e do sacrifício que levam à aquisição do saber e do poder. Parece-me inadmissível falar de uma responsabilidade da ciência, porque o abuso dos seus resultados cognitivos constitui uma ameaça. Segundo esta argumentação, será preciso chamar outro especialista na matéria para que nos diga se existe perigo de abuso e se nos é permitido usar sem dano o poder que a ciência nos dá – um regresso infinito que, afinal, obriga a ver que o especialista não está aí para arcar com uma responsabilidade dessas. Todos os membros da sociedade humana partilham aqui desta responsabilidade. Por isso, apesar de toda a diversidade do grau de complicação das sociedades modernas, em comparação com as condições reinantes nos primórdios da civilização ocidental, não há nada de novo excepto o que, desde sempre, conhecemos como a pergunta socrática: afinal, nós mesmos é que somos postos à prova e é de nós que se trata. Um passo de um diálogo platónico pode explicá-lo. Reza assim:

«Gostaria de contar um sonho, mas sem determinar se saiu pela porta dos sonhos verdadeiros e bons ou pela porta dos enganosos e maus. Se, para nós, a ciência fosse de todo conclusiva, tudo seria estritamente científico. Já não haveria nenhum piloto que não conhecesse o seu ofício, nenhum médico, nenhum general, ninguém, enfim, que não dominasse realmente a sua profissão. A consequência é que seríamos muito mais saudáveis do que hoje, sairíamos ilesos de todos os riscos do trânsito e das guerras, as nossas máquinas, os nossos sapatos e roupas, em suma, tudo o que necessitamos seria feito na perfeição e muitas outras coisas, porque sempre as encomendaríamos a verdadeiros profissionais. E, além de tudo isso, quereríamos reconhecer o prognóstico como ciência do futuro. Neste caso, a ciência deveria ocupar-se de afugentar todos os charlatões e prestar ouvidos aos verdadeiros profissionais entre os prognosticadores enquanto planificadores do futuro. Se tudo assim estivesse organizado, a humanidade comportar-se-ia e viveria cientificamente. A ciência vigiaria correctamente e evitaria toda a irrupção de diletantismo. Ainda não podemos, no entanto, convencer-nos totalmente de que se fizéssemos tudo deste modo científico, procederíamos correctamente e seríamos felizes. – Mas, então, se se procede correctamente, poder-se-á ter outro ideal que não seja a ciência? – Talvez não, mas ainda gostaria de saber uma coisa: a que ciência te referes?»

Esta é uma tradução literal, que só parece tão penosamente moderna porque, com toda a correcção, se traduz o conceito grego *episteme* por ciência. A palavra grega significa tanto saber como ciência. Mas poderá a ciência representar sempre o saber? Também o saber do bem? Poderá haver uma ciência do bem? Justamente na diferença de significado, que entre o saber e a ciência só apareceu na língua alemã no século XIX, reflecte-se no plano semântico a tentação existente também na argumentação grega: em vez de alguém saber e se decidir, confia no saber de outro. Na verdade, temos de escolher constantemente, e se de facto acertamos no bem ou só no melhor, trata-se em geral de um risco. O famoso saber do não-saber, que distingue Sócrates, não é, em certo sentido, tão singular, ou melhor: o não-saber como tal não é nada de singular. Em compensação, admiti-lo não é assim tão fácil. Parece já ser mais do que uma pretensão humana geral saber o melhor e, portanto, tomar a decisão acertada. Isto reflecte-se também na expressão grega cunhada por Aristóteles: *prohairesis*, traduzida em geral como escolha preferente – uma expressão terrivelmente artificial para algo que já contém em si mesmo tanto a preferência como, na previsão das consequências, a escolha. Revela-se assim imediatamente o pano de fundo da evolução semântica de ciência. Quanto mais construída é uma forma institucionalizada de competência que serve ao especialista, ao profissional, de escapatória da própria ignorância, tanto mais se ocultam os limites de semelhante informação e a necessidade de adoptar uma decisão própria. A argumentação socrática, que conhecemos, prognostica, pois, uma tendência fundamental do homem que sofreu uma especial intensificação na nossa civilização burocratizadora. A ciência e a sua responsabilidade devem ocupar o lugar da auto-responsabilização.

Ora, o problema real não é que isto seja falso. Onde existe a ciência, deve aproveitar-se o seu saber. É um elemento da sociabilidade humana enquanto tal que uma pessoa, com o seu saber e poder, não é capaz, em todas as suas situações vitais de se bastar a si mesma. A evolução da instituição moderna da ciência implica precisamente que em todas as decisões práticas do ser humano temos de ter em conta as possibilidades de informação e de aprendizagem antes de tomarmos uma decisão. É este o aspecto das coisas e não apenas numa sociedade burocrática. É inerente à própria sociabilidade do homem recorrer ao saber e ao poder de outro, em quem deposita a sua confiança, porque lhe atribui o saber correcto. Aqui radica o autêntico conceito de autoridade e assim se mostra a indispensabilidade da autoridade na estrutura social. Trata-se, decerto, de uma autoridade do saber e, portanto, à civilização moderna é inerente a autoridade que, com razão, a anónima instituição da ciência representa para os leigos. Não é, portanto, uma evolução errada da nossa sociedade o facto de serem escutados os especialistas e reconhecida a superioridade do seu saber. Pelo contrário. É justamente uma obrigação do homem recorrer em cada decisão a tanto saber quanto for possível. Max Weber desenvolveu para tal a famosa expressão de racionalidade teleológica e mostrou que um dos maiores perigos da escolha emocional e determinada por interesses é ela carecer de consequência racional, que associa a acessibilidade do fim à determinação racional dos meios. Max Weber divisou, inclusive, uma fraqueza do individualismo moderno no facto de antepor ao dever de saber uma indeterminada instância da boa vontade ou da boa intenção ou da consciência tranquila. A ética da intenção e a ética da responsabilidade indicam exactamente este ponto.

No entanto, tal não significa em absoluto que todas as decisões dependam sempre, em última instância, dos eruditos. Isso é antes o erro do Iluminismo racionalista tanto do século XVIII como do XX, que defende que há especialistas para todas as decisões. No fundo, deveríamos seguir Kant, que fez uma distinção explícita entre os imperativos condicionados da inteligência, em que, de facto, só impera a racionalidade teleológica, e o imperativo incondicional dos preceitos morais. O imperativo categórico incondicional contém algo que o saber alheio nunca poderá tirar-me. Isto define directamente o conceito de responsabilidade e, em certo sentido, também o de consciência. Quem pode saber melhor ou alcançar melhor conhecimento sente-se responsável pelas consequências da sua decisão. O conceito de racionalidade prática desenvolvido pelos Gregos sobreleva isto acima de qualquer dúvida. Em compensação, é injusto com Kant quem considera e considerou a sua distinção entre o imperativo hipotético da inteligência e o imperativo categórico da moral uma possibilidade de separação dos dois imperativos. A razão é indivisível. No meu entender, um dos maiores méritos de Kant é ter ensinado na sua pedagogia que sempre se subestima a criança quando se crê que não se pode apelar à sua razão. O mesmo pode dizer-se, evidentemente, sobre o sentido da justiça, que exige um precoce exercício e cultivo. Pode observar-se até nos animais domésticos. Em todo o caso, partilhar coisas com outros, saber perder no jogo e outras questões semelhantes são importantíssimas na educação das crianças de tenra idade. A falta de impregnações temporãs tem muitas vezes as piores consequências na vida posterior. O mérito indiscutível de Kant, a meu ver, foi o de colocar de novo sob a influência de Rousseau o optimismo político-social e utilitarista da classe dominante do século XVIII e recusar o seu orgulho esclarecido. A sua doutrina do imperativo categórico quer apenas dizer que há certos limites incondicionados na prossecução dos nossos próprios fins e objectivos. Um dos exemplos que deu do seu imperativo categórico é, pois, totalmente convincente para nós. Devemos reconhecer em cada ser humano um fim em si mesmo e nunca tratar um homem só como um meio. Tal não quer dizer, naturalmente, que não utilizemos com frequência outrem como um meio para os nossos próprios fins, mas que ele, ao prestar-nos ou não um serviço, jamais o faça contra a sua vontade ou sem o seu livre consentimento. Podemos perguntar-nos o que significa aqui «livre» face às dependências em que todos estamos enredados. Todos, em certo sentido, somos servidores no todo do nosso ser social. Mas como cidadãos com igualdade de direitos políticos, somo-lo por livre decisão e assumimos a responsabilidade correspondente. Só quando respeitamos o outro como um fim em si mesmo nos respeitamos a nós mesmos. Eis uma herança do século XVIII e em geral uma colheita da cultura cristã do Ocidente, partilhada hoje pela humanidade. A escravatura não deve existir. Deve haver igualdade perante a lei. Aqui entra toda a problemática dos direitos humanos. Para um homem, a quem em finais do século XVIII os ideais secularizados do mundo cultural cristão pareciam evidentes, podia ser inequívoco o que em condições de vida cada vez mais complicadas da humanidade é objecto de múltiplas lutas e dificuldades. Sonha-se então com um ordenamento jurídico que inclua obrigatoriamente todos os seres humanos, como já acontece em grande escala em certos domínios, por exemplo, a lei marcial. O direito e a lei podem possuir ainda bases evidentes na essência da natureza humana – o que já se verifica nos verdadeiros ordenamentos jurídicos, morais e sociais, e o modo como se concretizam as leis sob estas condições continua a ser, como se sabe, um campo muito extenso, Também para mim é algo difícil a ideia de que exista um especialista, por exemplo, um especialista em jurisprudência, em campos limitados como o do direito internacional. Na realidade, transparece aqui uma barreira fundamental de toda a ordem jurídica, que está sempre à vista na reflexão sobre ordenamentos legais. Apesar de tudo, onde quer que se pressuponham convicções fundamentais comuns, pode pensar-se em semelhantes medidas jurídicas e legais. Mas até nessa altura é preciso esperar que as normas legais provoquem sempre a sua própria evasão. Nem sequer a questão da tecnologia genética e do seu abuso se pode excluir realmente desta reflexão. Tem de haver, no fundo, outro pressuposto sob o qual se possa evitar efectivamente tudo o que é abominável e reprovável. A tarefa da política é regular a convivência dos seres humanos através das leis, e é uma grande vantagem dos Estados modernos poder separar o poder legislativo do executivo e reservar a responsabilidade para uma representação popular livremente escolhida. E, decerto, neste processo político de legislação e de controlo desempenha necessariamente um papel o profissional, o especialista. Há aqui um âmbito de racionalidade teleológica, que produziu os seus efeitos, por exemplo, na conhecida discussão sobre a introdução da pena de morte ou a sua abolição. Eis um caso da convergência entre a consideração racional-teleológica de que o efeito dissuasório da pena de morte de modo algum aumenta, e o respeito pela vida, de base muito diferente e, em última análise, de raiz religiosa. Mas algo desta convergência entre os sentimentos solidários dos homens e as leis que se lhes impõem é, sem dúvida, uma condição indispensável para a eficiência de um Estado de direito. Já Aristóteles reconheceu com clareza que a justiça nas ordens jurídicas nunca se realizará como seria bom e desejável num caso isolado e imprevisível. Mas esta mera função de aproximação à justiça de um ordenamento jurídico depende, por sua vez, de um consenso politicamente explícito dos homens que vivem sob essas leis. Ele é o verdadeiro pressuposto para o funcionamento de uma legislação.

Daí se seguem, no entanto, certas ideias sobre a questão de saber onde reside a verdadeira responsabilidade. Todo o homem que toma decisões livres é, sem dúvida, responsável por elas. O mesmo acontece com o investigador e para a ciência; e, pelas reflexões expostas, é claro que também para o especialista que exerce uma função pública no aconselhamento dos que tomam as decisões há uma dupla responsabilidade sumamente difícil: a das consequências previstas de um exame que representa a ciência e, por outro lado, a responsabilidade com que mantém o verdadeiramente conhecido e aceite pela ciência fora da influência dos interessados e das expectativas da opinião pública. O especialista encontra-se aqui no centro da problemática. Na minha opinião, importa aqui distinguir com exactidão entre a verdadeira responsabilidade, no sentido de responsabilidade da ciência, e a do cientista. De facto, exige-se a todo aquele que fala em nome da ciência um determinada *ethos* de responsabilidade; de outro lado está a função oficial do especialista, que se sabe incorporado ao processo decisório político. Mas ele partilha certamente esta última responsabilidade com cada um de nós, pois todos somos cidadãos políticos e devemos participar na responsabilidade dos acontecimentos. Devemos interrogar-nos se o equilíbrio entre estas duas responsabilidades é objecto de suficiente cuidado, e juntamente com ele o significado da responsabilidade que cada cidadão tem para o bem comum. Em três séculos de delírio crescente do poder e do poder-fazer preocupámo-nos muito menos do que devíamos em manter desperta a consciência da nossa própria responsabilidade como cidadãos e membros da sociedade. E, agora, encontramo-nos numa situação em que nos vemos rodeados de um excesso de misteres e competências. Pensemos no exemplo da medicina. Todos sabemos por experiência própria que a medicina fez novos e grandes progressos graças a fantásticas realizações, não só na cirurgia, mas em muitas outras direcções. As armas que esta medicina tem agora à sua disposição são, todavia, tão temíveis que muito poucos as utilizaram sempre para um bom fim. Isto é inevitável. O que não é inevitável é que o sistema de assistência social, criado pelo Estado moderno, force também neste campo a considerar o médico e os seus meios como algo tecnicamente disponível e a fazer carregar sobre ele o cuidado da saúde e a prevenção dos danos que a ameaçam. Mais uma vez, parece-me que a verdadeira problemática do especialista, que neste caso é o médico, não reside tanto na sua responsabilidade quanto na auto-responsabilização de todos nós. Por isso, creio que o vasto âmbito do verdadeiro cuidado de saúde, que hoje se chama em medicina o movimento preventivo, está descurado – abandonado, erradamente, à eficiência da moderna assistência médica. Gostaria de ilustrar isto com um exemplo: quando, há uns dez anos, chegaram à consciência pública, no chamado colóquio Ciba de Londres, as possibilidades de manipulação dos genes humanos, surgiu uma espécie de onda de solidariedade que uniu entre si os homens numa recusa e protesto geral perante semelhante manipulação genética. E surge logo aqui a tentação de levantar barreiras com meios legais. Mas, por outro lado, é igualmente claro que as possibilidades da tecnologia genética, tanto directamente para os seres humanos como para a sua manutenção através da agricultura, da criação de gado, etc., já representam hoje algo de totalmente indispensável. Tão-pouco existe aqui alguma possibilidade de pôr grilhetas à ciência. Há apenas a possibilidade de uma utilização responsável dos resultados, e quem arca com tal responsabilidade é a sociedade no seu todo e a sua organização política.

Tenho a convicção de que também numa sociedade tão burocratizada, organizada e especializada é possível reforçar as solidariedades existentes. Parece-me um defeito da nossa mentalidade pública que se destaque sempre o diferente, o discutido, o polémico e o dúbio à consciência dos homens e que se deixe, por assim dizer, sem voz aquilo que é verdadeiramente comum e vinculante. Já colhemos os frutos de uma longa educação para o diferente e para a sensibilidade que exige a percepção das diferenças. A nossa educação histórica vai nesta direcção, o nosso hábito político faz com que dêmos por assentes os contrastes e a atitude lutadora. Tenho a impressão de que aqui seria conveniente uma reflexão sobre as solidariedades profundamente radicadas nos padrões da vida humana. Devemos recuperar o que, desde há alguns séculos, se transformou numa tarefa social, após a diminuição da força aglutinadora das Igrejas e da religião: elevar à nossa consciência o que nos une. Creio que também podemos dirigir este apelo aos políticos de hoje, para que não nos exibam sempre apenas o espectáculo da luta mútua e do olhar para o seguinte êxito eleitoral, mas também as coisas em comum que nos unem a todos na responsabilidade pelo nosso futuro e do dos nossos filhos e netos. Parece-me ser esta a verdadeira consequência dos limites da especialização: que os reconheçamos como os nossos próprios limites e saibamos que todas as decisões que, como homens, tomamos, as devemos assumir e não alijar para qualquer especialista.

# Dos Mestres e Discípulos

Num momento em que devo agradecer uma apreciação insistente e amistosa da minha obra, gostaria de falar do que os outros significam para o devir de um indivíduo. Afinal de contas, a humanidade da nossa existência depende de até que ponto aprendemos a ver as fronteiras do nosso ser em relação ao dos outros. Esta convicção está também por trás do apaixonado intento, que desde sempre me anima, de transmitir o que em mim se transformou em conhecimento e compreensão. Aprende-se com aqueles que connosco aprendem. Não creio possuir nenhuma vocação especial, como aquela que teve quem a este prémio deu o seu nome, Karl Jaspers, por mim tão respeitado, para tomar sempre uma posição explícita diante dos acontecimentos da realidade política. Tenho antes a convicção de que exercitar e despertar nos outros o pensamento e o seu treino no pensar, o seu livre juízo, é como tal uma eminente acção política. Neste sentido, creio que também a minha própria capacidade de juízo encontra sempre os seus limites no juízo do outro e na sua capacidade judicativa, e graças a ela se enriquece. Eis a alma da hermenêutica.

Assim, na conferência que hoje o meu amigo Wilhelm Anz pronunciou ficou-me gravada uma conhecida palavra, que eu jamais ouvira neste contexto. Aliás, só a mencionou de passagem. A palavra é: auditório. Aqui não significa uma reunião de estudantes – como decerto pertence, a meu ver, à aprendizagem do pensamento –, mas refere-se antes a todos nós. Todos somos auditório, devemos aprender a ouvir, num ou noutro caminho, a lutar sempre contra o enleio-em-si próprio, a eliminar a obstinação e a moção autoritária de todo o impulso intelectual.

Queria mostrar com um exemplo próprio o que indiquei em tom geral. Gosto, como fiz na minha autobiografia, de pensar nas figuras que, durante o decurso da minha vida, representaram a função do Outro que aprendemos a ouvir. Não mencionarei experiências privadas desta índole relativas a amigos e companheiros e só falarei dos mestres de quem aprendi a tarefa fundamental do homem, a saber, transformar-se em ouvinte, e a quem devo aquilo que talvez possa dizer algo aos meus ouvintes e estudantes. Vejo o meu álibi político no facto de que, no grande processo multiplicador da formação da opinião pública, uma palavra dita a partir da cátedra, ou pronunciada em público, tem de se comprovar a si mesma.

Em sinal de gratidão, gostaria de nomear duas personalidades que foram contemporâneas minhas e outras duas que, ao longo dos tempos, são mestres de todos nós. Os coetâneos chamam-se Heidegger e Jaspers. Acrescento o nome de Jaspers ao nome, para mim decididamente determinante, de Heidegger em recordação de uma experiência anterior e, nessa medida, muito mais orientadora dos meus anos de juventude.

Wilhelm Anz expôs o que nos anos vinte significou para nós, os jovens, a energia mental, a radicalidade, a determinação e a concentração que se manifestaram num génio natural do pensamento como foi Martin Heidegger. Era avassalador. Na realidade, estudei filologia clássica porque tinha a sensação de que a superioridade deste pensamento me asfixiaria se não conquistasse um terreno próprio em que eu assentaria talvez com mais firmeza do que este prodigioso pensador. Ora, na Marburgo dos anos vinte, houve muitos outros que souberam fomentar o nosso desenvolvimento intelectual: Rudolf Bultmann e Ernst Robert Curtius, Nicolai Hartmann e Paul Friedländer, mas também Richard Hamann e todos os outros que descrevi na minha autobiografia. Mas a energia com que Heidegger derramava, por assim dizer, sobre nós a sua força de concentração era como um baptismo para um novo começo, para uma nova vitalidade do pensamento. Na época, isso encheu-nos a todos, como era de esperar – os jovens são assim – de uma autoconsciência desmedida e infundada. Sentíamo-nos inspirados por este mestre, e posso imaginar a dificuldade sentida por todos os colegas de Heidegger em Marburgo, em todas as ciências possíveis, quando os imitadores da radical energia mental e inquisitiva de Martin Heidegger semeavam a insegurança nos seminários e nas aulas com o chamado questionamento radical. Heidegger foi para todos nós um grande desafio. Quando olho para trás e penso na miserável situação pela qual tivemos de passar na nossa formação como estudiosos, depois da inflação, após a destruição do bem-estar da classe média, dependendo de um sistema de bolsas que ainda não tinha provado a sua firme base financeira e de organização e que se chamava, caracteristicamente, «Associação de emergência da ciência alemã». Na realidade, foi o poder do impulso derivado de Heidegger que nos capacitou para poupar as próprias forças, sacrificar-nos e concentrar-nos totalmente no próprio trabalho – um estímulo muito poderoso. A amizade mútua, a discussão e a emulação na convivência com os outros criaram uma comunidade de privações e riscos que muito nos ajudou. Isto é evidente.

Depois, vieram os anos em que Heidegger, de regresso a Friburgo e vindo de Marburgo, nos deixou em paz ou, melhor dizendo, livres, aos jovens docentes de filosofia. Pois significa uma grande diferença poder ensinar ao seu próprio modo o que aprendemos, sem sentir continuamente a proximidade do mestre. Foi uma magnífica oportunidade que se apresentou aos jovens docentes que nós éramos, Karl Löwith, Gerhard Krüger e eu mesmo. Transformámo-nos subitamente em herdeiros de uma grande missão.

Nesse momento, após dez anos de longo silêncio, apareceram as primeiras publicações de Karl Jaspers, o pequeno volume *A Situação Espiritual do Nosso Tempo* e, sobretudo, os três tomos que tinham por título *Filosofia*, que se afastavam completamente, em todo o seu aspecto, do estilo académico normal de um professor de filosofia. Esta obra de mil páginas não continha índice algum e nem sequer uma só nota – para já não falar de um índice remissivo.

Foi como uma surpresa: ainda havia alguém que se subtraía à rotina académica e sabia apresentar de um modo totalmente novo a dignidade da profissão académica. Foi em especial o tom humano de uma serenidade espontânea o que me impressionou e me suscitou a tarefa de aliar esta humanidade com o poderoso *pathos* inicial de Martin Heidegger. Neste formidável leitor que era Karl Jaspers, toda a opulência intelectual da nossa tradição ganhou vida na sua riqueza humana. Por outro lado, ele estava separado por todo um mundo daquilo para que fôramos educados. Se me é permitido definir a hermenêutica de um modo novo, e digo que a hermenêutica significa não acreditar em nenhuma tradução, terei de contestar a Karl Jaspers uma grande parte das fontes da sua sabedoria. Aqui o verdadeiro problema reside em que a hermenêutica deve, por assim dizer, interpretar a palavra viva e despertar para a vida a palavra imobilizada na escrita. Mas nenhuma tradução é realmente viva e só da língua viva brota a força ressurgidora que nos é concedida no milagre da linguagem, ou seja, experimentar a verdadeira intenção de quem fala para lá do que é dito. Foi para isto que fomos educados e, até ao dia de hoje, procurei despertar a linguagem para a vida. Inclusive na minha intensa actividade de viagens e conferências em países estrangeiros, após me ter jubilado, tentei sempre falar na língua do país. Em contrapartida, era preciso um talento ou um génio de índole muito diferente para saber, como Karl Jaspers, seleccionar das traduções, com um alcance verdadeiramente universal, o saber fundamental que adquiria relevo na sua figura espiritual. Seleccionava-os como um fisionomista sabe ler na expressão do rosto de quem fala uma língua estrangeira. Este dom, que o próprio Jaspers chamava «comunicação», de aliar a radicalidade e o rigor científico para o qual fomos educados na nossa própria forma de trabalho, fez-nos reconhecer, uma vez mais, os nossos limites e explica a razão pela qual, ao lado do grande pensador Martin Heidegger, a obra intelectual de Karl Jaspers ganhasse para mim uma significação própria.

Tive, é certo, a sorte de encontrar junto a estes dois homens dois mestres ainda maiores. Um foi Platão e o outro Hegel. Trata-se, sem dúvida, de duas figuras muito diferentes da nossa história, que não se deixam integrar nem fácil nem voluntariamente. Não se podem equiparar na nossa história intelectual sem esforço da nossa parte. Para começar com Hegel. Toda a gente consegue perceber imediatamente que a magistral realização enciclopédica do pensamento hegeliano é fundamentalmente diferente de Platão, esse espírito único simultaneamente filosófico-abstracto e poético-criativo. Foi sempre para mim um enigma que Hegel, esse professor suábio nas areias brandeburguesas, conseguisse tornar-se, na sua época, uma figura de mestre internacional. Quem sabe o que é o suábio, e uma vez que o próprio Hegel falava suábio, tem de perguntar-se como é que a força espiritual suscitadora do pensar se pôde tornar perceptível e efectiva através deste dialecto estrangeiro. Uma misteriosa penetração de sons e sentido literal. Hegel parecia-nos o grande compêndio da palavra estimuladora de um novo modo de pensar, procedente do helenismo, a qual, através da latinização e da cristianização, chegara às novas línguas e sobretudo à nossa própria língua materna.

O mistério da linguisticidade revelou-se-me em toda a sua força em Hegel – o que produziu o seu efeito, precisamente ao lado do radicalismo revolucionário e violento da relação heideggeriano com a linguagem. Ao profano isto pode soar estranho. Ele nem sequer sabe quão frequentemente fala com Hegel, por exemplo, ao dizer: «Em si e por si, a questão é assim ou assado.» O mesmo se passa com a herança de Lutero e da mística alemã, e ainda com o espírito da poesia alemã, que Hegel introduziu na sua interpretação filosófica da tradição. Não vejo, pois, como objecção o que me dizem repetidamente de muitos lados, inclusive o próprio Heidegger, que nos meus trabalhos nunca me separei inteiramente do mundo linguístico do idealismo alemão. O que experienciei ao vivo devia permanecer também nas minhas próprias tentativas de pensar em plena vida.

E agora Platão, o mestre de todos os que não conseguem afastar de si a filosofia como tarefa. Quando se procura ver no seu conjunto a história espiritual da nossa cultura e se tem sobretudo diante dos olhos a ciência, a qual ousou dar os seus primeiros passos entre os Gregos para, na época moderna, realizar progressos tão ingentemente diferentes e êxitos tão imprevistos, pergunta-se como é que Platão pode ser mestre de todos nós. Face ao fundo histórico da herança antiga e cristã e à sua transformação no pensamento actual, parece um verdadeiro milagre que este pensador e poeta nos fale de um modo tão imediato como o conseguem fazer as grandes obras de arte de todos os tempos. Que é que lhe confere a imortalidade intemporal do grande génio artístico criador? E, no entanto, seguimos um diálogo de Sócrates com um jovem ou um ancião qualquer e ouvimos como ele frustra as suas pretensões de autocompreensão, como o põe a ridículo diante de si mesmo e como, a partir da comunidade que estabelece entre si e o Outro, conjura as grandes visões em que a ordem do Universo, a ordem da sociedade e a ordem da alma se fundem até formar uma grandiosa ordem única. Como não deveríamos sentir-nos incessantemente chamados, na nossa tensa, fragmentária e ameaçada situação mundial, a assumir a grande tarefa de compreender esta visão e de estabelecer uma conivência com este mestre extraordinário e único.

# A Tarefa da Filosofia

Um octogenário não deveria ceder à sugestão de se apresentar para falar demasiado de si mesmo. Nada há de tão original num ancião como ser ainda contemporâneo e, ao mesmo tempo, ter conhecido pessoalmente homens como Gerhart Hauptmann e Stefan George, Paul Natorp e Rabindranath Tagore, Husserl e Scheler, Ortega y Gasset e Cassirer. Tentarei descrever de que modo alguém como eu – não necessariamente eu mesmo – criou raizes na filosofia académica do nosso século. Quando me doutorei sob a orientação de Paul Natorp, em 1922, era um rapaz imaturo, não propriamente um talento precoce, mas um bom aluno da filosofia neokantiana, que nessa época ainda era predominante, apesar de já se encaminhar para a sua autodissolução. Richard Hönigswald iniciara-me neste pensamento e Nicolai Hartmann, influenciado por Scheler, começou a desconcertar-me – levado antes de mais por um sentimento de camaradagem. Mas, na realidade, o leitor de Kierkegaard e Dostoievski que eu era estava cheio de um profundo cepticismo em relação a toda a sistemática filosófica e também ao chamado sistema dos problemas.

Assim, a radical destruição da conceptualidade greco-latina tradicional, que Heidegger expunha com ímpeto, encontrou em mim uma ressonância bem preparada, que se fortaleceu consideravelmente sob a poderosa influência de Wilhelm Dilthey. Através dele chegou-me a herança das ciências do espírito românticas. Essa herança tornou-se eficaz sobretudo através da filosofia do espírito de Hegel, mas ainda me marcou mais profundamente a escuta permanente da voz da poesia: a de Jean Paul e de Hölderlin, de Stefan George e de Rainer Maria Rilke. Quando, mais tarde, Heidegger se afastou da autodescrição transcendental e do *pathos* existencial de *Ser e Tempo* e começou a reflectir sobre as visões hölderlinianas, senti que isso era quase uma legitimação tardia.

Entretanto, havia terminado o estudo da filologia clássica, que se me tornou indispensável, e olhar para trás conduziu-me ao pensamento antigo – antes de mais, como uma rebelião consciente contra a barbárie demagógica que tinha irrompido na cultura alemã. Na altura, ainda não havia nada de parecido com o primado da autoconsciência; apesar de tudo, todo o universo da natureza e da alma se abria diante de quem olhava e procurava. O facto de o pensamento tardio de Heidegger – de novo com a incomparável radicalidade que o distinguia – questionar para lá do logocentrismo dos Gregos e descobrir nele a pré-configuração do pensamento subjectivista da era moderna, não conseguiu impedir que a filosofia grega no seu todo, e não apenas a dos pré-socráticos, exercesse sobre mim o seu fascínio.

Não foi por acaso que em 1928 iniciei a minha actividade docente com uma prelecção inaugural acerca do papel da amizade na ética filosófica. O facto de não serem as proposições, nem a afirmação incontestável, nem a réplica vitoriosa o que garante a verdade, mas de se tratar antes de outra espécie de confirmação, que não é possível ao indivíduo, indicou-me a minha tarefa de não reconhecer nos outros sobretudo os próprios limites, mas de os superar alguns passos. O que importava era poder não ter razão. Nem sequer a consolação no pensamento de nunca ter razão diante de Deus, que Kierkegaard proclamara, me era de todo incompreensível. E o que não era em toda a parte o Outro! Quem sou eu e quem és tu? Que tal pergunta nunca tenha resposta e, no entanto, enquanto pergunta seja a sua própria resposta, foi o que desde então procurei dominar com o pensamento. Aprendi assim que cada experiência da arte nos tira a razão e no-la dá. Não aprendi em nenhum outro pensamento filosófico o que o diálogo platónico de nós exige, a saber, que não é um Outro que é questionado, mas nós mesmos através do Outro. Aprendi, inclusive, em Aristóteles, o criador da lógica, depois de Heidegger me ter iniciado, que nenhum pensamento conta que não reconheça os seus próprios limites, e que não é válido nenhum *logos* nem nenhuma lógica, que não traga em si *um ethos*. *Ethos*, porém, nada é de elevado e sublime, mas o «ser que chegou a ser», que se é e que não se pode fazer, embora tenha sido a própria acção e omissão o que fez de alguém o que ele é.

Poder-me-ia interrogar se aprendi lógica e Kant em medida suficiente. Mas o facto de o saber da humanidade, transmitido através da retórica e da poesia, ter perdido injustamente a sua validade na cultura científica moderna, e de ser preciso recuperá-lo, levou-me de Platão e Aristóteles, passando por Vico e Herder, até Hegel e à hermenêutica. Quem não faz da sua fraqueza a sua virtude? Foi, sem dúvida, a minha virtude e a minha fraqueza ter de percepcionar o Outro e o seu direito. Recorri de bom grado às palavras de Leibniz: «Aprovo quase tudo o que leio.» Embora saiba que foi dita por um sintetizador genial, cuja penetrante inteligência sabia indicar o seu lugar a tudo, e que em mim era mais uma fraqueza do que uma força semelhante – era, em todo o caso, um antídoto contra o dogmatismo enraizado dos chamados filósofos. Talvez devesse chamar-me um filólogo, não no sentido estrito deste grupo científico (de cujas virtudes e capacidades só marginalmente participava), mas na acepção mais ampla do amor aos *logói* que se desenrolam no discurso e na réplica, em perguntas e respostas e na longa ressonância do evidente e significativo.

Não creio que semelhante diálogo continuado com a tradição do nosso pensamento embote a radicalidade do ímpeto cogitativo que recebi de Heidegger e me indicou o caminho. A recaída no relativismo só pode objectar-se a um pensamento que desconhece o carácter irrevogável da mudança operada no pensar com a emergência da consciência histórica. Por muito que se admire a força sintética com que Hegel equilibrou a marcha do espírito através do tempo com a lógica do pensamento e o pensamento da lógica, também para ele vale: «Os pés dos que nos levam para fora já estão à porta...»

Para mim, o que me desafiou não foi tanto Nietzsche, cuja visão da aproximação do novo e inquietante hóspede, o niilismo, se confirma cada vez mais, mas antes o estilo académico com que Wilhelm Dilthey tentou justificar a filosofia e a ciência, a história e a vida. Leo Strauss, que advertiu isto por acaso, tem toda a razão. Mas a radicalidade com que Heidegger transformou em tema filosófico a temporalidade e historicidade do ser-aí e levou simultaneamente a cabo a destruição do subjectivismo da época moderna é que me convidou à crítica do «positivismo» e do «psicologismo» de Dilthey – obrigou-me ao mesmo tempo a uma consciência intensificada no trato hermenêutico com o passado e, em especial, com a filosofia grega. Que Platão fora mais do que o precursor da «ontoteologia» aristotélica, nele divisada por Heidegger, foi sempre uma certeza para mim; e ainda que a «a simples presença» [*Vorhandenheit*] não podia descrever do mesmo modo a ciência moderna e o seu ideal de objectividade e, por outro lado, o pensamento antigo na sua dedicação à *theoria*. Acompanhei bem, pois, o Heidegger tardio, perguntando pela verdade na arte, mas fiz uma espécie de opção pelos «Antigos» no seu todo. Pois todo o seu pensamento, e não só o dos pré-socráticos, ainda não estava dominado pelo primado da autoconsciência e

determinado pela solicitude para com o conhecimento reconhecido (Heidegger).
Tal não podia significar um regresso aos Gregos. Embora, como na *querelle des Anciens et des Modernes,* se possa vacilar em reconhecer uma superioridade dos modernos, o fim da querela ocorreu com o surgimento da consciência histórica. Mas isto não é em si mesmo objecto de uma escolha. Na verdade, o advento de semelhante polémica significou que os modernos já não se reconheciam no modelo da Antiguidade e se puseram na defensiva contra a inacessibilidade desse modelo. Questionar-se assim significava já a ruptura com o ideal humanista da *imitatio* e a libertação do dogma da inacessibilidade do modelo clássico. Importava, pois, perceber o próprio presente na exemplaridade dos antigos. Isto, no entanto, exigiu, a longo prazo, separar a consciência histórica da pressão do ideal de objectividade da ciência moderna e desfraldá-la como uma consciência hermenêutica, que permitisse ao mesmo tempo distância e discernimento. A história não é então objecto de uma ciência; pelo contrário, a ciência é que é uma parte da nossa habilidade. A esta tarefa dediquei *Verdade e Método,* uma compilação de longos ensaios que terminei aos sessenta anos e que apareceu como livro em 1960.

Mas duas coisas ocupavam já nessa altura o primeiro plano do meu trabalho e continuaram a ocupá-lo depois: Platão, a quem dediquei o meu primeiro livro, *Ética dialéctica de Platão* (editado em 1931), e cinquenta anos mais tarde, juntamente com vários de menor tamanho, a grande dissertação académica *A Ideia do Bem...* (Academia das Ciências de Heidelberg, 1978.) A segunda era a arte. Sempre de novo me assalta a tentação de comentar textos poéticos, sem descuidar o trabalho filológico e o saber do ofício, mas com a pretensão de voltar, após todos os instrutivos rodeios, ao único caminho que conduz à escuta da palavra poética.

Aqui, o modelo da compreensão dialógica, que eu tinha elaborado como o fenómeno primordial da fala, parecia afastar-se formalmente da inacessível altura da língua elevada a texto poético. Ou será qualquer relação com a poesia já sempre um diálogo, um intercâmbio de discurso e réplicas, mais, uma conversa infinita? Desde então dediquei muitos ensaios à reflexão sobre as particularidades de uma hermenêutica da literatura, entre eles o meu pequeno livro sobre Celan («Quem Sou Eu e Quem És Tu?»).

Por fim, com a minha confissão fundamental dos meus próprios limites e a prioridade do diálogo no processo da verdade, vi-me confrontado com uma prova peculiar. A preocupação científico-social e político-social da nossa época envolveu-me em algumas discussões. A fecundidade destes diálogos consiste, para mim, em ver-me confrontado com problemas que não pertencem ao meu próprio âmbito de competência científica. Sempre tive por princípio que a teoria hermenêutica só deve surgir da prática hermenêutica. No entanto, o confronto com interlocutores de outra competência, como o que ganhou forma de livro na discussão com Habermas sobre hermenêutica e crítica ideológica, significou uma ampliação do meu horizonte, que devo agradecer. Confirmou-me imediatamente o meu próprio ponto, que o diálogo racional sob o pressuposto de uma boa vontade mútua é cheio de sentido.

É inerente à natureza da questão e, no fim de contas, é a própria questão, que semelhante posição hermenêutica não seja, na realidade, uma posição, mas que se exponha a uma multiplicidade de confrontos que a determinam.

Estou certamente consciente, e isso começou muito cedo, quando li Kierkegaard e nessa altura me apropriei do Hegel mais vivo, de que pertenço, ao fim e ao cabo, à grande linha de críticos do idealismo que, precisamente na nossa juventude, fizeram seu o empreendimento de Kierkegaard, sob o nome de filosofia da existência. Tão-pouco tenho a ilusão de ter sabido acolher plenamente os impulsos procedentes de Heidegger – quem soube fazê-lo? Continua, porém, a parecer-me certo que a linguagem não só é a casa do ser, mas também a

## A TAREFA DA FILOSOFIA

casa do homem, na qual ele vive, se instala, se encontra a si, se encontra a si no Outro, e que um dos espaços mais acolhedores desta casa é o espaço da poesia, da arte. Escutar tudo aquilo que nos diz algo, e deixar que nos seja dito – eis onde reside a exigência mais elevada que se apresenta a cada ser humano. Rememorar-se de tal para si mesmo é o afazer mais íntimo de cada um. Fazê-lo para todos, e de maneira convincente, é a tarefa da filosofia.

# Nota Bibliográfica

A DIVERSIDADE DA EUROPA. HERANÇA E FUTURO
- Separata publicada através da bolsa Robert Bosch, Estugarda, 1985.

O FUTURO DAS CIÊNCIAS DO ESPÍRITO NA EUROPA
- Publicado in: F. König e K. Rahner (organizadores), *Europa – Horizont der Hoffnung*, Graz/Wien/Köln, 1983, 243-261.

O FIM DA ARTE?
- Publicado in: H. Friedrich (organizador), *Ende der Kunst – Zukunft der Kunst*, Munique-Berlin, 1985, 16-33.

O FACTO DA CIÊNCIA
- Publicado in: «Sitzungsberichte der Wissenschaftlichen Gesellschaft zur Marburg», 88/1, Marburgo, 1967, 11--20.

«CIDADÃOS DE DOIS MUNDOS»
- Publicado in: K. Michalski (organizador), *Der Mensch in den modernen Wissenschaften,* Castelgandolfo-Gespräche, 1983, Estugarda, 1985, 185-199.

Os Fundamentos Antropológicos da Liberdade do Homem
– Publicado in: «Hanns Martin Schleyer-Preis 1986 und 1987», Colónia, 1987, 53-62.

Os Limites do Especialista
– Inédito.

Dos Mestres e Discípulos
– Publicado in: *Rhein-Neckar-Zeitung* de 19.20.07.1986.

A Tarefa da Filosofia
– Publicado in: *Neue Zürcher Zeitung* de 4.02.1983.

# Índice

A Diversidade da Europa. Herança e Futuro ........ 7
O Futuro das Ciências do Espírito Europeias ........ 29
O Fim da Arte? ................................ 53
O Facto da Ciência ............................ 73
«Cidadãos de Dois Mundos» .................... 89
Os Fundamentos Antropológicos
  da Liberdade do Homem .................... 105
Os Limites do Especialista ...................... 115
Dos Mestres e Discípulos ...................... 133
A Tarefa da Filosofia .......................... 141
Nota Bibliográfica ............................ 149